2015 개정 교육과정 반영

교과서로 만나는

역사체험 이야기

초등역사교육연구회 저

1

초등 사회 교과과정 연계

교육과학사

머리말

학생들의 역사에 대한 관심을 높이고, 올바른 역사 인식을 제고하기 위해 교육부는 몇 년 전「역사교육 강화 방안」을 발표하였습니다. 최근 학생들의 역사인식 부족에 대한 우려가 커지면서 대한민국 국민으로서 올바른 역사인식을 갖춘 인재를 길러야 한다는 사회적 요구에 따른 것입니다. 여기서 중요한 것은 기존의 지식 전달 중심의 역사 수업을 협력학습이나 체험형 수업 등 학생 중심 참여 수업으로 전환한다는 것입니다.

우리 조상들의 얼이 담겨있는 대한민국 각지의 장소들을 방문하며 보고 만지고 느끼는... 다양한 체험활동 속에 살아 있는 역사교육이 가능하리라 생각이 됩니다.

이 책은 초등학교 사회교과서에 등장하는 인물과 사건에 대한 체험 요소가 담긴 장소들에 대한 체험서입니다.

이 책을 통해 학생들 모두가 작은 역사가로서의 활동을 하기를 기원합니다. 끝으로 이 책을 만들기 위해 노력해주신 초등역사교육연구회 선생님들께 감사의 말씀을 드립니다.

초등역사교육연구회

추천의 글

이동원(경인교육대학교)

저의 직업상 사회 수업을 매개로 초등학생들을 만날 기회가 많습니다. 사회과교육 전공자인 저로서는 아이들이 사회 수업을 흥미로워하고, 스스로 넓이와 깊이를 더해가며, '나'와 '우리'의 삶과 그 속에서 만들어지는 '관계'에 관심을 더해가길 바랍니다. 하지만 아이들은 사회 수업을 그리 좋아하는 것 같지는 않습니다. 많은 학생들은 사회 하면 숙제가 많은 수업, 어려운 낱말을 외워야 하는 수업, 선생님의 설명을 수동적으로 들어야 하는 수업, 그래서 싫은 수업으로 낙인찍습니다. 특히 초등 사회과 내 반만년 역사를 연대기로 공부해야 하는 역사수업의 경우 이러한 문제 상황은 더욱 심해집니다.

그런데 이상한 일이지요? 간혹 초등학생 중 특정 주제에 대해서는 역사학자에 버금가는 한국사 지식을 뽐내는 꼬마 역사학자를 보곤 합니다. '이순신'과의 사랑에 빠진 이 꼬마 역사학자는 이순신의 출생과 성장, 전투, 사망에 이르는 계보는 물론 임진왜란의 전개과정, 세계 해군사에서 이순신의 의미 등, 듣고 있는 이가 귀찮을 정도로 자신의 사랑의 넓이와 깊이를 드러냅니다. 물론 이 꼬마 역사학자의 문제점은 이순신에게만 그 사랑이 차고 넘친다는 점이지요. 이순신에게만 빠져있는 이 꼬마 역사학자, 문제가 많은 건가요? 사회 공부 제대로 하고 있는 건가요?

저의 편견입니다. 초등학생들이 사회 공부를 통해 수많은 사실적 지식을 많이 얻어 ○○퀴즈대회에서 1등하기보다, 제한된 주제라도 자신이 흥미 있어 하는 주제에 대해 스스로 공부하고, 그 과정 속에서 배운

힘으로, 혼자가 아닌 친구들과 다양한 영역에 대한 관심을 넓혔으면 합니다. 전술한 이순신과 사랑에 빠진 꼬마 역사학자의 관심이 한반도와 동북아의 전쟁사, 동북아 국제정치와 외교사에 대한 관심으로 확장되었으면 합니다. 그래서 이 꼬마 역사학자가 고등학교를 거쳐 대학이나 사회에 나가서는, 조금은 부족해도 이순신을 매개로 한국사, 우리 민족에 대한 자신의 관점을 얘기할 수 있기를 기대합니다.

이러한 기대를 품고 있는 저에게, 그 기대를 구현할 또 하나의 실천적 대안을 보게 되었습니다. 초등학생들의 역사 수업을 초등학생의 입장에서, 체험과 협력을 바탕으로, 자기 주도성을 높여줄 이야기 자료, 『교과서로 만나는 역사체험 이야기』입니다. 이 책은 초등학생들이 역사 공부를 하면서 필수적으로 학습해야 할 인물과 사건, 장소를 알기 쉽고 흥미롭게 소개함은 물론 체험 학습 시 필요한 정보, 관련 사이트, 사전준비 사항과 구체적인 활동 아이디어 등을 수도권과 전국으로 구분하여 제시하고 있습니다. 이 책 두 권만 있으면 초등 사회 역사수업에 나오는 인물과 사건, 장소의 역사체험학습 준비가 마무리될 수 있는 것이지요. 특히 이 책이 초등학생들의 흥미와 수준을 잘 이해하고 대안적 초등 역사수업을 꿈꾸는 '초등역사교육연구회' 교사들의 결실이라는 점도 저의 관심을 끕니다.

현장 교사와 학생들의 좋은 사회과 역사수업에 이 책이 기여하길 바랍니다. 그 기여에 힘입어 또 다른 주제의 초등학생용 역사체험서의 출간도 기대해봅니다. 아이들이 '사람'을, 그 사람이 만든 '사회'를 따뜻이 이해하고 사랑하는 그날도 기대해 봅니다.

추천의 글

김정인(춘천교육대학교)

역사 공부를 하다 보면 많은 문화재들을 만나게 됩니다. 전국 방방곡곡 흩어져 있는 유적지들이 책을 넘길 때마다 불쑥불쑥 등장합니다. 주말이나 방학에 짬을 내어 직접 유적지를 찾아 떠나는 여행을 역사 체험 학습이라고 합니다. 체험 학습을 가려면 참 많은 준비가 필요합니다. 어떤 교통수단을 타고 가야 하는지 알아봐야 하고 먼 곳이면 잠잘 곳이 있는지도 살펴야 합니다. 멋진 유적지라고 무턱대고 달려갈 수도 없습니다. 꼭 필요한 정보는 미리 챙겨야 합니다. 다녀온 후에는 보고 듣고 느낀 점을 잘 정리해 놓아야 머릿속 지식과 마음속 감동이 오래 남을 것입니다.

'교과서로 만나는 역사 체험 이야기'는 바로 멋진 역사 체험 학습을 준비하고 마칠 때까지 훌륭한 길잡이가 되어 줄 수 있는 책입니다. 가고 싶은 유적지를 찾아 펼치면, 어떻게 역사 체험 학습을 해야 할지가 한눈에 쏘옥 들어오는 책입니다. 역사 체험 학습에 깊은 관심을 갖고 계신 초등학교 선생님들이 초등학생의 눈높이에 맞춰 구성한 맞춤형 역사 체험 학습 안내서이기 때문입니다.

자, 역사책을 읽다가 또는 역사 공부를 하다가 알게 된 유적지를 어떻게 찾아갈까 궁금하다면 바로 이 책을 펼쳐 보십시오. 그 순간부터 벌써 유적지에 와 있는 듯한 기분이 들 것입니다.

차례

1

강화역사박물관

2010년 10월 23일에 개관한 강화역사박물관은 세계문화유산으로 지정된 사적 제137호 강화고인돌공원 내에 위치하고 있으며 강화에서 출토된 유물들을 중심으로 선사시대부터 근현대까지 강화도의 역사와 문화가 체계적으로 전시되어 있습니다.

관련교과 초등학교 사회 3-2 2. 시대마다 다른 삶의 모습
1) 옛날과 오늘날의 생활 모습
위　치 인천광역시 강화군 하점면 강화대로 994-19
전화번호 (032)934-7887
홈페이지 http://museum.ganghwa.go.kr
교　통 강화터미널에서 군내버스 승차 환승 후 고인돌공원에서 하차
이용요금 성인 3,000원, 어린이 2,000원

체험 Tip

- ▶ 홈페이지 교육안내에서 교육프로그램 일정을 확인하면 다양한 프로그램에 참여할 수 있습니다. 주말 교육, 방학 교육, 특별 교육, 세시풍속 행사, 맞춤교육, 찾아가는 박물관 등 다양한 프로그램이 운영되고 있습니다.
- ▶ 홈페이지의 자료실에서 리플릿과 체험학습지를 활용하면, 더욱 알찬 체험을 할 수 있습니다.
- ▶ 강화역사박물관은 세계문화유산으로 지정된 사적 제137호 강화고인돌공원 내에 위치하고 있어 박물관 견학과 함께 공원도 둘러볼 수 있습니다. 1층은 기획전시실과 조선, 고려시대의 강화도의 역사를 전시하고 있으며, 2층은 강화도의 고인돌과 선사~조선시대의 유물이 전시되어 있고, 강화의 바닷길 이야기도 살펴볼 수 있습니다.

준비하기

체험 출발 전 조사하기

▶ 의미와 필요성 조사하기

선사시대란? :

구석기 시대의 생활 모습(의, 식, 주) :

신석기 시대의 생활 모습(의, 식, 주) :

청동기 시대의 생활 모습(의, 식, 주) :

고인돌의 의미 :

고인돌을 세우는 방법 :

▶ 참고 누리집 사이트 안내

관련 체험 장소 소개

고창 고인돌 http://www.gochang.go.kr/dolmen

이런 장소예요

▶ 선사시대 유물 전시

구석기 시대의 유물

신석기 시대의 유물

청동기 시대의 유물

▶ 강화도의 고인돌 문화

청동기 시대에 이르러 도구의 발달과 함께 농사의 수확량이 늘어나면서 많이 가진 사람과 적게 가진 사람이 생겨나게 되었고, 풍년을 맞은 지역과 흉년을 맞은 지역 등이 생겨나게 되었습니다. 그 결과 다툼이 생겨 지배하는 사람과 지배받는 사람이 생겨났고, 지배자가 죽으면 고인돌이라는 무덤을 만들어 그 사람의 힘을 보여 주려고 하였습니다.

▶ 강화의 역사

고려 강화
강도 시기 강화의 문화상

조선 강화
국방의 요충지와
기록문화의 중심지 강화

열린 바닷길 이야기
강화의 옛이야기와
연표의 전시 공간

활동지

20　　년　　월　　일　　요일　　　(　　　) 학년 (　　　) 반 (　　　) 번　이름 (　　　　　　　)

▶ 보고서를 통해 내용을 정리해 봅시다.

<table>
<tr><td>일 시</td><td colspan="2">20　　년　　월　　일　　요일</td></tr>
<tr><td>장 소</td><td colspan="2"></td></tr>
<tr><td>방 법</td><td colspan="2"></td></tr>
<tr><td>준비물</td><td colspan="2"></td></tr>
<tr><td>유의점</td><td colspan="2"></td></tr>
<tr><td colspan="3">학습 내용
(학습 내용들을 요약하여 적고 사진이나 그림 등 기타 상세한 내용은 별첨으로 기록합니다.)</td></tr>
<tr><td>본 일</td><td></td><td rowspan="5">[그림이나 사진]</td></tr>
<tr><td>들은 일</td><td></td></tr>
<tr><td>한 일</td><td></td></tr>
<tr><td>느낀 일</td><td></td></tr>
<tr><td>새롭게 알게 된 일</td><td></td></tr>
<tr><td>나의 반성</td><td colspan="2"></td></tr>
</table>

서울 암사동 선사 유적지

서울 암사동 유적은 우리나라 신석기시대를 대표하는 유적으로, 한강 유역 최대의 집단 취락지로 그 가치가 매우 높은 곳입니다. 국가사적 제267호로 지정되어 있는 암사동 유적은 1988년 복원움집과 전시관을 건립하여 일반에게 공개한 것을 시작으로, 선사체험 마을 조성에 이르기까지 선사 유적 교육의 현장으로서 선구적인 역할을 하고 있습니다.

관련교과 초등학교 사회 3-2 2. 시대마다 다른 삶의 모습
1) 옛날과 오늘날의 생활 모습

위　치 서울특별시 강동구 올림픽로 875(암사동 139-2)

전화번호 (02)3425-6520

홈페이지 http://sunsa.gangdong.go.kr

교　통 지하철 8호선 암사역 4번 출구 서울 암사동 유적 방향 도보 15분

이용요금 성인 500원, 학생 300원

체험 Tip

▶ 문화유산해설이 인터넷 사전 예약제로 운영되고 있습니다(방문 1일 전까지 예약 가능). 해설 코스는 정문(만남의 장소)→복원움집→제1전시관으로 운영되며, 해설 시간은 10시부터 16시까지 2시간마다 운영됩니다.

▶ 서울 암사동 유적 홈페이지를 참고하면, 다양한 연중 교육프로그램 및 행사가 있습니다. 체험 프로그램으로는 수렵체험, 채집체험, 어로체험, 토기와 움집 만들기, 토기복원체험, 발굴체험 및 방학체험 등이 있습니다. 교과서에서 글로 배우기만 했던 내용을 직접 선사시대 원시인이 되어 직접 몸으로 체험해 볼 수 있습니다.

준비하기

체험 출발 전 조사하기

▶ **의미와 필요성 조사하기**

서울 암사동 유적지의 발굴 역사 :

▶ **구석기와 신석기 시대의 생활상**

구석기 시대의 도구와 생활 모습 :

신석기 시대의 도구와 생활 모습 :

▶ **참고 누리집 사이트 안내**

국내 선사 박물관

고성 공룡 박물관 http://museum.goseong.go.kr/

서대문 자연사 박물관 http://namu.sdm.go.kr/

이런 장소예요

▶ 전시관 안내

제1전시관
실제 유적 발굴터와 암사동 및 대한민국의 신석기 유적 전반에 대해 알 수 있습니다.

제2전시관
암사동 유적의 발굴과 선사시대 개관 그리고 서울, 경기 지역의 신석기 유적 및 신석기 이후 이어지는 초기 청동기 문화 등에 대한 이야기를 알 수 있습니다.

▶ 복원 움집과 체험 움집

이곳에 복원된 움집 9기는 발굴조사한 곳에서 2m가량의 흙을 덮어 복원한 것입니다. 집터는 원형과 네 모서리를 약간 줄인 말각방형 등으로 지상에서 약 50~100cm 아래로 움을 판 형태입니다. 체험 움집 내부에 들어가면 당시 생활상을 볼 수 있습니다. 화덕에 생선과 고기를 구워 먹고 한쪽에는 빗살무늬토기에 도토리가 담겨있고, 가죽으로 만든 옷을 입고 갈판과 갈돌을 이용해서 요리를 하고 창을 손질하고 있습니다. 화덕의 연기가 빠져나가게 천장에 구멍이 나 있습니다.

▶ 암사동 유적의 유물

빗살무늬토기

갈판과 갈돌

어망추

활동지

20　　년　　월　　일　　요일　　　(　　　) 학년 (　　　) 반 (　　　) 번　이름 (　　　　　　　　)

▶ 보고서를 통해 내용을 정리해 봅시다.

일 시	20　　년　　월　　일　　요일	
장 소		
방 법		
준비물		
유의점		
학습 내용 (학습 내용들을 요약하여 적고 사진이나 그림 등 기타 상세한 내용은 별첨으로 기록합니다.)		
본 일		[그림이나 사진]
들은 일		
한 일		
느낀 일		
새롭게 알게 된 일		
나의 반성		

강화도 참성단과 중수비

단군이 하늘에 제사를 올리기 위해 쌓은 제단인 사적 제136호인 참성단은 자연석으로 둥글게 쌓은 하단(下壇)과 네모반듯하게 쌓은 상단(上段)으로 구성되어 있는데, 둥근 하단은 하늘, 네모난 상단은 땅을 상징합니다. 고려와 조선 왕조는 때때로 이곳에서 도교식 제사를 거행하였는데, 지금도 해마다 개천절에 제천행사가 거행되고 있습니다.

관련교과 초등학교 사회 5-2 1. 옛 사람들의 삶과 문화
1) 나라의 등장과 발전
위 치 인천광역시 강화군 화도면 흥왕리 산42-1
전화번호 (02)3425-6520
홈페이지 http://www.ganghwa.go.kr/open_content/tour/
교 통 강화터미널에서 승차 후 대사마을 정류장 하차 뒤 마니산 등반(3시간 소요)
이용요금 마니산 입장료 성인 2000원, 청소년 1000원, 학생 700원

체험 Tip

▶ 강화개천대축제 기간에 맞춰 방문하면 개천의식을 실제로 보고 체험할 수 있습니다. 이와 함께 개천대축제 퀴즈 이벤트 및 강화도 특산품 경매 이벤트, 축하 공연 및 각종 문화 체험도 함께 할 수 있습니다.

▶ 강화군 문화축제 홈페이지 http://www.ganghwa.incheon.kr/를 이용하여 축제에 대한 자세한 사항을 확인하기 바랍니다.

준비하기

체험 출발 전 조사하기

▶ **단군신화와 단군신화에서 찾을 수 있는 역사적 의미 살펴보기**

단군의 뜻 :

왕검의 뜻 :

비, 바람, 구름을 다스리는 신하와 3000여 명의 무리와 함께 내려왔다는 뜻 :

사람으로 변한 곰 웅녀와 결혼하여 단군왕검을 낳았다는 뜻 :

▶ **고조선의 생활상**

고조선의 8조법 :

고조선의 대표적인 유물 :

▶ **참고 누리집 사이트 안내**

강화군청 http://www.ganghwa.go.kr

이런 장소예요

▶ 참성단

참성단

강화 개천 대축제

▶ 단군신화의 역사적 의미와 참성단과 중수비

단군왕검이 건국했다는 고조선은 한국사의 출발점으로 여겨지고 있습니다. 여기서 단군왕검은 고조선의 시조인 동시에 민족의 시조라는 인식, 나아가 우리 민족은 단일 민족이라는 인식이 성립되는 바탕입니다.

그러므로 민족이 위기에 처하여 민족의 결속이 필요할 때마다 단군왕검의 존재가 관심을 불러 모은 것이 한두 번이 아니었습니다. 고려 후기 몽골의 침입을 받을 때가 그랬고, 구한말 일제로부터 침략을 당했을 때도 단군 민족주의 운동이 일어났습니다. 이에 고려와 조선 왕조는 때때로 도교식 행사를 이곳 참성단에서 거행하였고, 나라가 어려움에 빠졌을 때에는 참성단이 민족의 성지로서 주목을 받게 되었습니다.

참성단은 고려 원종 11년(1270)과 조선 인조 17년(1639), 숙종 26년(1700)에 고쳐 쌓았기 때문에 본래의 모습인지는 알 수 없습니다. 참성단을 보수한 후 숙종 43년(1717) 5월에 마련해 놓은 중수비는 '참성단'이라는 이름을 붙인 사연과 참성단에 대한 선조들의 뜻 등에 관한 기록이 함께 적혀있습니다.

활동지

20　　년　　월　　일　　요일　　　(　　　) 학년 (　　　) 반 (　　　) 번　이름 (　　　　　　　　)

▶ 보고서를 통해 내용을 정리해 봅시다.

일 시	20　　년　　월　　일　　요일	
장 소		
방 법		
준비물		
유의점		
학습 내용 (학습 내용들을 요약하여 적고 사진이나 그림 등 기타 상세한 내용은 별첨으로 기록합니다.)		
본 일		[그림이나 사진]
들은 일		
한 일		
느낀 일		
새롭게 알게 된 일		
나의 반성		

중국 선양 오녀산성

고구려의 시조인 주몽이 처음 고구려의 도읍을 정한 곳으로 여겨지며 홀본성(忽本城) 또는 졸본성(卒本城)으로 불리는 곳이다. 토양이 기름지고 산하가 험준하여 도읍으로 정하기 알맞은 천혜의 요새였을 것이다. 2004년 다른 고구려 유적과 함께 유네스코 세계유산으로 등재되었다.

관련교과 초등학교 사회 5-2 1. 옛 사람들의 삶과 문화
1) 나라의 등장과 발전

위 치 중국 요녕성 본계시 환인현 오녀산에 위치

체험 Tip

▶ 오녀산성은 우리 고구려의 첫 도읍지로 여겨지고 있으나, 중국이 동북공정의 일환으로 고구려를 중국의 역사로 편입시키기 위해 고구려의 흔적을 왜곡시키는 데 앞장서고 있는 곳 중 한 곳입니다. 오녀산성이 위치한 환인에 가면 오선녀상이 있는데 이는 오녀산을 오선녀의 전설로 위장하기 위하여 최근에 지어졌다고 합니다. 자랑스러운 우리의 역사인 고구려를 지키기 위해 오녀산성의 역사적 의의를 이해하고, 왜곡된 흔적을 올바르게 잡고자 노력해야 할 것입니다.

준비하기

체험 출발 전 조사하기

▶ **고구려의 건국신화 알기**

주몽이 알에서 태어났다는 의미 :

주몽이 활쏘기와 같이 특별한 능력을 가진 존재로 기록된 이유 :

▶ **고구려의 도읍지**

졸본(환인)의 장점과 단점 :

유리왕의 국내성(지안) 천도 :

▶ **참고 누리집 사이트 안내**

두산백과

http://terms.naver.com/entry.nhn?docId=1314177&cid=40942&categoryId=33736

한국민족문화대백과

http://terms.naver.com/entry.nhn?docId=570858&cid=1630&categoryId=1630

이런 장소예요

▶ 오녀산성 박물관

▶ 동북공정과 오녀산성 박물관

중국은 중국 국경 안에서 전개되었던 모든 역사를 중국 역사로 만들기 위해 2002년부터 중국의 동북쪽 지역의 역사를 연구하여, 역사를 왜곡하고 있으며 현재도 진행 중입니다. 이 중 특히 고구려, 발해 등 한반도와 관련된 우리 역사를 중국의 역사로 만들어 한반도가 통일되었을 때 일어날 가능성이 있는 영토분쟁을 방지하고자 역사 왜곡을 진행 중입니다.

여기에서 소개하는 오녀산성은 본래 주몽이 세운 고구려의 첫 번째 도읍지인 졸본입니다. 이 오녀산성이 있는 환인 지역에도 많은 역사 왜곡을 확인할 수 있습니다. 오녀산성 박물관에 소개글을 보면 고구려를 중국 내의 소수민족이라 부르고, 후에 국내 전쟁에 의해 소멸되었다고 기록하고 있습니다. 이것은 고구려를 한반도의 민족이 아닌 중국의 민족으로 보는 역사왜곡입니다. 또한 아무 상관없는 오선녀상과 같은 동상을 세움으로써 고구려의 민족 색채를 약하게 하려고 하고 있습니다. 오녀산성을 방문한다면 이러한 점에 유의하여 우리 역사를 지키기 위해 어떻게 해야 할지 생각해 봐야 할 것입니다.

활동지

20　　년　　월　　일　　요일　　　(　　　) 학년 (　　　) 반 (　　　) 번　이름 (　　　　　　　)

▶ 보고서를 통해 내용을 정리해 봅시다.

일 시	20　　년　　월　　일　　요일	
장 소		
방 법		
준비물		
유의점		
학습 내용 (학습 내용들을 요약하여 적고 사진이나 그림 등 기타 상세한 내용은 별첨으로 기록합니다.)		
본 일		
들은 일		
한 일		
느낀 일		
새롭게 알게 된 일		[그림이나 사진]
나의 반성		

서울 몽촌토성

서울 몽촌토성은 백제를 세운 온조가 도읍을 정했던 위례성으로 여겨지는 곳입니다. 한강의 지류인 성내천 남쪽에 있으며, 둘레가 약 2.7km에 이르는 토성입니다. 위치와 규모, 출토유물로 볼 때 백제 초기 군사적·문화적 성격을 살필 수 있으며, 주변에 풍납토성과 백제 석촌동 무덤들을 비롯한 백제 전기의 유적이 있어 역사적으로도 가치 있는 곳입니다.

관련교과 초등학교 사회 5-2 1. 옛 사람들의 삶과 문화
1) 나라의 등장과 발전

위 치 서울특별시 송파구 올림픽로 424 올림픽공원

교 통 8호선 몽촌토성 역에서 하차

체험 Tip

▶ 몽촌역사관(http://baekjemuseum.seoul.go.kr)을 함께 방문해보세요. 몽촌역사관에서는 각종 교육프로그램이 연중 운영되고 있으며, 몽촌토성 주변에서 출토된 백제의 유물도 함께 전시되고 있습니다.

▶ 몽촌토성을 방문할 때 몽촌토성뿐만 아니라 주변의 암사동 선사 유적지, 방이동 고분군, 풍납토성, 석촌동 고분군 등 주변 유적지도 함께 둘러보세요.

준비하기

체험 출발 전 조사하기

▶ **백제의 건국 신화 알기**

비류와 온조가 고구려를 떠나 한강 유역으로 내려와 나라를 세우게 된 이유 :

비류가 나라를 세운 곳이 오래가지 못한 이유 :

▶ **참고 누리집 사이트 안내**

몽촌토성 역사관 http://baekjemuseum.seoul.go.kr

한성 백제 박물관 http://baekjemuseum.seoul.go.kr/

이런 장소예요

▶ 서울 몽촌토성

몽촌토성

몽촌토성

목책

▶ 강화도의 고인돌 문화

이 밖에도 서울 몽촌토성에서는 많은 양의 토기류와 철기류 및 기와류, 중국자기류 등이 출토되었으며, 몽촌역사관에 가면 많은 유물이 전시되어 있습니다. 출토된 중국자기류는 백제가 3세기 중엽에 중국과 교류한 증거를 나타내며, 연꽃무늬막새기와와 마름모꼴무늬막새기와를 비롯한 각종 백제기와도 출토되어 토성 내부에 기와집이 있었음을 알 수 있습니다.

재갈

토기(기대)

활동지

20　　년　　월　　일　　요일　　(　　)학년 (　　)반 (　　)번　이름 (　　　　　)

▶ 보고서를 통해 내용을 정리해 봅시다.

<table>
<tr><td>일 시</td><td colspan="2">20　　년　　월　　일　　요일</td></tr>
<tr><td>장 소</td><td colspan="2"></td></tr>
<tr><td>방 법</td><td colspan="2"></td></tr>
<tr><td>준비물</td><td colspan="2"></td></tr>
<tr><td>유의점</td><td colspan="2"></td></tr>
<tr><td colspan="3">학습 내용
(학습 내용들을 요약하여 적고 사진이나 그림 등 기타 상세한 내용은 별첨으로 기록합니다.)</td></tr>
<tr><td>본 일</td><td></td><td rowspan="5">[그림이나 사진]</td></tr>
<tr><td>들은 일</td><td></td></tr>
<tr><td>한 일</td><td></td></tr>
<tr><td>느낀 일</td><td></td></tr>
<tr><td>새롭게
알게 된 일</td><td></td></tr>
<tr><td>나의 반성</td><td colspan="2"></td></tr>
</table>

서울 석촌동 고분 유적지

석촌동 무덤들은 백제 초기에 만들어진 무덤으로서, 고구려 초기 장군총과 같은 돌무지무덤(적석총)의 형식입니다. 이로 인해 백제의 건국 세력은 고구려의 유이민이라는 것을 알 수 있습니다. 석촌동 고분 유적지는 가락동, 방이동 무덤과 함께 초기 백제의 문화를 알려주는 중요한 자료입니다.

관련교과 초등학교 사회 5-2 1. 옛 사람들의 삶과 문화
1) 나라의 등장과 발전

위 치 서울특별시 송파구 석촌동 61-6

교 통 8호선 석촌 역에서 하차

체험 Tip

▶ 몽촌역사관(http://baekjemuseum.seoul.go.kr)을 함께 방문해보세요. 몽촌역사관에서는 각종 교육프로그램이 연중 운영되고 있으며, 몽촌토성 주변에서 출토된 백제의 유물도 함께 전시되고 있습니다.

▶ 몽촌토성을 방문할 때 몽촌토성뿐만 아니라 주변의 암사동 선사 유적지, 방이동 고분군, 풍납토성, 석촌동 고분군 등 주변 유적지도 함께 둘러보세요.

준비하기

체험 출발 전 조사하기

▶ **백제의 건국 신화 알기**

비류와 온조가 고구려를 떠나 한강 유역으로 내려와 나라를 세우게 된 이유 :

▶ **고구려 장군총에 대해 조사하기**

장군총의 무덤 형식 :

▶ **참고 누리집 사이트 안내**

몽촌토성 역사관

http://baekjemuseum.seoul.go.kr

한성 백제 박물관

http://baekjemuseum.seoul.go.kr/

이런 장소예요

▶ 서울 석촌동 고분 유적지

석촌동 백제 초기 적석총 1호분

석촌동 백제 초기 적석총 2호분

석촌동 백제 초기 적석총 3호분

석촌동백제초기 적석총 3,4호분

토광묘

발굴 장면

▶ 강화도의 고인돌 문화

석촌동 무덤들은 백제 초기에 만들어진 무덤으로서 일제 때 처음 조사되었습니다. 1호, 2호 무덤은 주민들이 농사 짓는 땅으로 이용해서 내부 구조와 유물은 정확히 알 수 없었으며, 3호 무덤은 기원전·후부터 나타나는 고구려 무덤 형식인 기단식돌무지무덤(기단식적석총)입니다.

무덤은 높은 지형을 평평하게 하고 밑 테두리에는 매우 크고 긴 돌을 두르고 자연석으로 층단을 이루면서 쌓아올려 3단으로 되었는데, 옛 고구려 지역인 만주 통구에 있는 장군총보다 큰 것임이 밝혀졌습니다. 5호 무덤은 조사가 완전하게 되지 않아 구조와 유물에 대해서는 확실히 알 수 없으며, 무덤 주변에는 무덤을 두르고 있는 돌을 2단으로 쌓았습니다.

활 동 지

20　　년　　월　　일　　요일　　　(　　　) 학년 (　　　) 반 (　　　) 번　이름 (　　　　　　　)

▶ 보고서를 통해 내용을 정리해 봅시다.

<table>
<tr><td>일 시</td><td colspan="2">20　　년　　월　　일　　요일</td></tr>
<tr><td>장 소</td><td colspan="2"></td></tr>
<tr><td>방 법</td><td colspan="2"></td></tr>
<tr><td>준비물</td><td colspan="2"></td></tr>
<tr><td>유의점</td><td colspan="2"></td></tr>
<tr><td colspan="3">학습 내용
(학습 내용들을 요약하여 적고 사진이나 그림 등 기타 상세한 내용은 별첨으로 기록합니다.)</td></tr>
<tr><td>본 일</td><td></td><td rowspan="5">[그림이나 사진]</td></tr>
<tr><td>들은 일</td><td></td></tr>
<tr><td>한 일</td><td></td></tr>
<tr><td>느낀 일</td><td></td></tr>
<tr><td>새롭게
알게 된 일</td><td></td></tr>
<tr><td>나의 반성</td><td colspan="2"></td></tr>
</table>

경주 나정, 오릉

경주 나정은 신라의 시조 박혁거세가 태어난 전설을 간직한 우물입니다. 경주 오릉은 경주 시내 평지 서남쪽에 위치한 4기의 봉토무덤과 1기의 원형무덤입니다. 『삼국사기』에는 신라 시조 박혁거세와 제2대 남해왕, 제3대 유리왕, 제5대 파사왕 등 신라 초기 4명의 박씨 임금과 혁거세의 왕후인 알영왕비 등 5명의 무덤이라 되어 있습니다.

관련교과 초등학교 사회 5-2 1. 옛 사람들의 삶과 문화
1) 나라의 등장과 발전
위　　치 (경주 나정)경북 경주시 탑동 700-1, (경주 오릉)경북 경주시 탑동 67
전화번호 (경주 나정)054-779-6078, (경주 오릉)054-772-6903
교　　통 군산역에서 승차
이용요금 어른 1000원, 청소년 600원, 어린이 400원

체험 Tip

▶ 경주 나정과 경주 오릉은 걸어서 갈 수 있는 거리에 떨어져 있습니다. 나정을 먼저 보고 오릉을 가는 것을 추천합니다.

▶ 경주 오릉을 보고 난 후에는 근처에 있는 황남동 고분군을 방문하는 것도 좋습니다. 황남동 고분군 근처에는 천마총, 첨성대 등 통일신라의 대표적인 유적들이 있습니다.

▶ 성수기에는 교통이 복잡한 편이므로, 대중교통을 이용하는 것이 좋습니다.

준비하기

체험 출발 전 조사하기

▶ **의미와 필요성 조사하기**

마한, 변한, 진한

서라벌

박혁거세

▶ **참고 누리집 사이트 안내**

문화재청 http://www.cha.go.kr/cha/idx/Index.do?mn=NS_01

▶ **주변 명소**

첨성대

천마총

무열왕릉

법흥왕릉

김유신묘

국립경주박물관

이런 장소예요

▶ 경주 나정

신라가 세워지기 전의 경주 지역 일대는 진한의 땅으로 6명의 촌장들이 나누어 다스리고 있었습니다. 그중 고허촌장인 소벌도리공이 양산 기슭 우물가에서 흰말 한 마리가 무릎을 꿇고 울고 있는 것을 발견하여 그곳으로 가보니 빛이 나는 큰 알이 하나 있었습니다.

알 속에서 남자아이가 태어나자 하늘에서 보내준 아이라고 생각하여 잘 길렀습니다. 박처럼 생긴 알에서 태어났다고 해서 성을 박(朴)이라 하고, 세상을 밝게 한다는 뜻에서 이름을 혁거세(赫居世)라고 하였습니다. 아이가 13살이 되던 해인 B·C 57년 왕의 자리에 올라 나라를 세우고 서라벌이라고 이름 지었습니다.

▶ 경주 오릉

『삼국사기』에는 신라 시조 박혁거세와 제2대 남해왕, 제3대 유리왕, 제5대 파사왕 등 신라 초기 4명의 박씨 임금과 혁거세의 왕후인 알영 왕비 등 5명의 무덤이라 되어 있습니다.

『삼국유사』에는 혁거세왕이 임금 자리에 있은지 62년 만에 하늘로 올라갔다가 7일 후에 몸이 흩어져 땅에 떨어지자 왕비도 따라 죽으니, 사람들이 같이 묻으려고 했으나 큰 뱀이 방해해서 몸의 다섯 부분을 각각 묻었는데, 그것을 오릉(五陵) 또는 사릉(蛇陵)이라 했다고 합니다.

활동지

20　　년　　월　　일　　요일　　(　　)학년(　　)반(　　)번　이름(　　　　)

▶ 보고서를 통해 내용을 정리해 봅시다.

<table>
<tr><td>일 시</td><td colspan="2">20　　년　　월　　일　　요일</td></tr>
<tr><td>장 소</td><td colspan="2"></td></tr>
<tr><td>방 법</td><td colspan="2"></td></tr>
<tr><td>준비물</td><td colspan="2"></td></tr>
<tr><td>유의점</td><td colspan="2"></td></tr>
<tr><td colspan="3">학습 내용
(학습 내용들을 요약하여 적고 사진이나 그림 등 기타 상세한 내용은 별첨으로 기록합니다.)</td></tr>
<tr><td>본 일</td><td></td><td rowspan="5">[그림이나 사진]</td></tr>
<tr><td>들은 일</td><td></td></tr>
<tr><td>한 일</td><td></td></tr>
<tr><td>느낀 일</td><td></td></tr>
<tr><td>새롭게
알게 된 일</td><td></td></tr>
<tr><td>나의 반성</td><td colspan="2"></td></tr>
</table>

김수로 왕릉

가락국(금관가야)의 시조이자 김해 김씨의 시조인 수로왕(재위 42~199)의 무덤으로, 납릉(納陵)이라고 부릅니다. 수로왕에 대한 이야기는 『삼국유사』 「가락국기」에 전하고 있으나, 무덤이 정확히 언제 만들어졌는지는 알 수 없습니다. 무덤의 높이는 5m의 원형 봉토무덤인데, 주위 18,000여 평이 왕릉공원으로 되어 있습니다.

왕릉 구역 안에는 신위를 모신 숭선전과 안향각·전사청·제기고·납릉정문·숭재·동재·서재·신도비각·홍살문·숭화문 등의 건물들과 신도비·문무인석·마양호석·공적비 등의 석조물들이 있습니다.

관련교과 초등학교 사회 5-2 1. 옛 사람들의 삶과 문화
1) 나라의 등장과 발전
위　　치 경남 김해시 서상동 312
전화번호 055-330-3589
교　　통 부산 지하철 수로왕릉역 2번 출구
이용요금 무료

체험 Tip

▶ 대중교통이 편리하므로 지하철을 이용하는 것이 좋습니다.

▶ 오후 6시까지 개장입니다. (연중 무휴)

▶ 근처에 구지봉과 수로왕비릉도 있습니다.

준비하기

체험 출발 전 조사하기

▶ 의미와 필요성 조사하기

마한, 변한, 진한

가야

금관가야

김수로

▶ 참고 누리집 사이트 안내

문화재청 http://www.cha.go.kr/cha/idx/Index.do?mn=NS_01

김해 문화관광 http://tour.gimhae.go.kr

▶ 주변 명소

국립김해박물관

수로왕비릉

구지봉

이런 장소예요

▶ 수로왕릉

숭정각

안향각

왕릉근경

수로왕 초상

신도비

왕릉 전경

고려 문종대까지는 비교적 능의 보존상태가 좋았으나, 조선 초기에는 많이 황폐했던 듯합니다. 『세종실록』을 보면, 수로왕릉과 수로왕비릉에 대해 무덤을 중심으로 사방 30보에 보호구역을 표시하기 위한 돌을 세우고, 다시 세종 28년(1446)에는 사방 100보에 표석을 세워 보호구역을 넓힌 것으로 나타납니다. 무덤이 지금과 같은 모습을 갖추게 된 것은 선조 13년(1580) 수로왕의 후손인 허수가 수로왕비릉과 더불어 크게 정비작업을 마친 후입니다.

『지봉유설(芝峰類洩)』 기록에 따른다면 능의 구조는 큰 돌방무덤(석실묘)으로 추정됩니다. 이 기록에는 임진왜란 때 일본인들에 의해 능이 도굴을 당했는데 당시에 왕이 죽으면 주위에서 함께 생활하던 사람들을 같이 묻는 순장이 있었던 것으로 나타나고 있습니다.

활동지

20　　년　　월　　일　　요일　　　(　　　) 학년 (　　　) 반 (　　　) 번　이름 (　　　　　　　　)

▶ 보고서를 통해 내용을 정리해 봅시다.

<table>
<tr><td>일 시</td><td colspan="2">20　　년　　월　　일　　요일</td></tr>
<tr><td>장 소</td><td colspan="2"></td></tr>
<tr><td>방 법</td><td colspan="2"></td></tr>
<tr><td>준비물</td><td colspan="2"></td></tr>
<tr><td>유의점</td><td colspan="2"></td></tr>
<tr><td colspan="3">학습 내용
(학습 내용들을 요약하여 적고 사진이나 그림 등 기타 상세한 내용은 별첨으로 기록합니다.)</td></tr>
<tr><td>본 일</td><td></td><td rowspan="5">[그림이나 사진]</td></tr>
<tr><td>들은 일</td><td></td></tr>
<tr><td>한 일</td><td></td></tr>
<tr><td>느낀 일</td><td></td></tr>
<tr><td>새롭게
알게 된 일</td><td></td></tr>
<tr><td>나의 반성</td><td colspan="2"></td></tr>
</table>

봉황동 유적지

가야시대의 대표적인 조개무지로서 1920년 우리나라 고고학상 최초로 발굴조사된 회현리 패총과 금관가야 최대의 생활 유적지인 봉황대(구 문화재자료 제87호)가 합쳐져 2001년 2월 5일 사적으로 확대 지정된 유적입니다. 또한 구릉 위에는 황세장군과 여의낭자 전설에 관련된 여의각, 황세바위 등이 남아있으며, 가야시대 고상가옥, 주거지 등이 발굴되기도 하였습니다.

관련교과 초등학교 사회 5-2 1. 옛 사람들의 삶과 문화
1) 나라의 등장과 발전
위　　치 경남 김해시 봉황동 253번지 일원
전화번호 055-330-3589
교　　통 부산 지하철 수로왕릉역 2번 출구
이용요금 무료(주차비는 1시간 무료)

체험 Tip

▶ 대중교통이 편리하므로 지하철을 이용하는 것이 좋습니다.

▶ 넓은 공원으로 조성되어 있어서, 가족과 나들이 오기에 좋습니다.

▶ 패총 전시관은 6시까지 개장입니다. (연중 무휴)

▶ 근처에 구지봉과 수로왕릉도 있습니다.

준비하기

체험 출발 전 조사하기

▶ 의미와 필요성 조사하기

마한, 변한, 진한

가야

금관가야

▶ 참고 누리집 사이트 안내

문화재청 http://www.cha.go.kr/cha/idx/Index.do?mn=NS_01

김해 문화관광 http://tour.gimhae.go.kr

▶ 주변 명소

국립김해박물관

수로왕릉

수로왕비릉

이런 장소예요

▶ 봉황동 유적

고상가옥

망루

여의각

주거지

산책로

황세바위

봉황동 유적은 이제까지의 발굴조사 결과, 청동기시대에는 고인돌과 돌널무덤이 일부 조성되었으나, 삼한시대부터 대규모 취락이 형성되었음을 알 수 있습니다.

특히, 인근에서 호안석, 접안시설, 수상가옥지, 토루(土壘) 등이 최근 조사되어 이 유적은 금관가야 읍락의 중심지로 추정되며 인접한 대성동 고분군과 함께 당시의 생활상을 엿볼 수 있는 중요한 유적으로 평가됩니다.

활 동 지

20　　년　　월　　일　　요일　　(　　) 학년 (　　) 반 (　　) 번　이름 (　　　　　　)

▶ 보고서를 통해 내용을 정리해 봅시다.

<table>
<tr><td>일 시</td><td colspan="2">20　　년　　월　　일　　요일</td></tr>
<tr><td>장 소</td><td colspan="2"></td></tr>
<tr><td>방 법</td><td colspan="2"></td></tr>
<tr><td>준비물</td><td colspan="2"></td></tr>
<tr><td>유의점</td><td colspan="2"></td></tr>
<tr><td colspan="3">학습 내용
(학습 내용들을 요약하여 적고 사진이나 그림 등 기타 상세한 내용은 별첨으로 기록합니다.)</td></tr>
<tr><td>본 일</td><td></td><td rowspan="5">[그림이나 사진]</td></tr>
<tr><td>들은 일</td><td></td></tr>
<tr><td>한 일</td><td></td></tr>
<tr><td>느낀 일</td><td></td></tr>
<tr><td>새롭게
알게 된 일</td><td></td></tr>
<tr><td>나의 반성</td><td colspan="2"></td></tr>
</table>

집안시 광개토대왕비

비는 각력응회암(角礫凝灰岩)의 사면석이나 자연스러운 모습의 긴 바위 모습입니다. 비는 대석과 비신으로 되어 있고, 비신이 대석 위에 세워져 있으나, 대석과 비신 일부가 땅속에 묻혀 있습니다. 높이는 6.39m로 한국 최대의 크기로 고구려 문화의 한 단면을 보여줍니다. 너비는 1.38~2.00m이고, 측면은 1.35m~1.46m로 불규칙합니다. 비의 머리 부분은 경사져 있고, 대석은 3.35×2.7m입니다. 네 면에 걸쳐 1,775자가 새겨져 있는 것으로 통상 알려져 있습니다. 본래 비석만 있었으나, 1928년에 집안현 지사 유천성(劉天成)이 2층형의 소형 보호비각을 세웠고, 다시 1982년 중공 당국이 단층형의 대형 비각을 세워 비를 보호하고 있습니다.

관련교과 초등학교 사회 5-2 1. 옛 사람들의 삶과 문화
1) 나라의 등장과 발전

위　　치 중국 지린성 지안현

이용요금 성인 30위안(환율에 따른 상시 변동)

체험 Tip

▶ 여행사 투어 상품을 활용하는 것도 하나의 방법입니다.

▶ 대왕비각 내부는 촬영 금지입니다.

▶ 장군총과 무용총도 방문해보세요.

준비하기

체험 출발 전 조사하기

▶ **의미와 필요성 조사하기**

고구려의 전성기

광개토대왕의 업적

고구려의 수도 국내성

▶ **참고 누리집 사이트 안내**

문화재청 http://www.cha.go.kr/cha/idx/Index.do?mn=NS_01

▶ **주변 명소**

장군총

무용총

이런 장소예요

▶ 광개토대왕비

광개토대왕비

태왕릉 옆 전시관

태왕릉 가는 길

태왕릉 전경

묘실로 들어가는 문

능 위로 올라가는 길

▶ 집안시

태왕릉 위에서 바라본 집안시(옛 국내성)의 풍경

활동지

20 년 월 일 요일 ( ) 학년 ( ) 반 ( ) 번 이름 ( )

▶ 보고서를 통해 내용을 정리해 봅시다.

<table>
<tr><td>일 시</td><td colspan="2">20 년 월 일 요일</td></tr>
<tr><td>장 소</td><td colspan="2"></td></tr>
<tr><td>방 법</td><td colspan="2"></td></tr>
<tr><td>준비물</td><td colspan="2"></td></tr>
<tr><td>유의점</td><td colspan="2"></td></tr>
<tr><td colspan="3">학습 내용
(학습 내용들을 요약하여 적고 사진이나 그림 등 기타 상세한 내용은 별첨으로 기록합니다.)</td></tr>
<tr><td>본 일</td><td></td><td rowspan="5">[그림이나 사진]</td></tr>
<tr><td>들은 일</td><td></td></tr>
<tr><td>한 일</td><td></td></tr>
<tr><td>느낀 일</td><td></td></tr>
<tr><td>새롭게
알게 된 일</td><td></td></tr>
<tr><td>나의 반성</td><td colspan="2"></td></tr>
</table>

누암리 고분군

신라 말기에 조성된 이 고분군은 신라 진흥왕이 충주 지방까지 그 영역을 확대한 후 중원소경을 설치하고자 귀척(貴戚)들을 이주시켜 한강유적을 경영하고자 하였던 사실을 증명하는 유적으로서, 누암리 일대에만 230여 기의 고분이 위치하고 있습니다. 발굴된 26기의 고분 가운데 주류를 이루는 것은 굴식돌방무덤(橫穴式 石室墳)이고 앞트기식돌덧널무덤(橫口式 石槨墳) 2기, 소형의 구덩식돌덧널무덤(竪穴式 石槨墓) 3기를 제외한 나머지는 외방무덤(單室墳)임이 확인되었습니다. 출토된 유물로는 짧은굽다리접시, 바리, 합, 항아리 등의 후기신라양식 토기류와 쇠손칼(鐵刀子), 덩이쇠(鐵鋌) 등의 철기류, 청동제띠끝장식(靑銅制帶端金具丘), 금동제귀고리 등의 장신구류, 가락바퀴(紡錘車) 등의 토제품이 있습니다.

관련교과 초등학교 사회 5-2 1. 옛 사람들의 삶과 문화
1) 나라의 등장과 발전

위　　치 충북 충주시 가금면 누암리 산41 외 일원

교　　통 충주공용버스터미널 승차, 소일정류장 하차

이용요금 무료

체험 Tip

▶ 고분군 근처의 유물과 경관도 함께 즐겨보세요. 충주 ~ 탄금대 ~ 창동마애불, 창동 5층석탑, 약사여래입상 ~ 누암리 고분군 ~ 충주중원탑평리7층석탑(중앙탑), 박물관 ~ 장미산성 ~ 중원고구려비(국보 205호) ~ 충주고구려천문관 ~ 잣고개 ~ 봉황리 마애불상군(보물 1401호). 을 추천합니다.

▶ 충주 가금면 누암리 고분군은 국보 6호 탑평리 7층석탑(중앙탑)이 있는 중앙탑 공원에서 남쪽으로 약 1km 떨어진 누암리 소일마을 서쪽 야산 기슭에 있습니다. 예전에는 소일마을 입구에서 농로를 따라 들어가는 길을 이용하였으나 지금은 중앙탑공원 옆 두련마을 쪽으로 난 진입로를 따라 소일마을로 연결되는 무지고개를 넘어가면 바로 도착하게 됩니다.

준비하기

체험 출발 전 조사하기

▶ **의미와 필요성 조사하기**

진흥왕의 업적

신라의 전성기

삼국시대 무덤의 양식

▶ **참고 누리집 사이트 안내**

문화재청 http://www.cha.go.kr/cha/idx/Index.do?mn=NS_01

디지털청주 문화대전 http://chungju.grandculture.net

▶ **주변 명소**

봉황리마애불상군

동리약사여래입상

중원고구려비

이런 장소예요

▶ 출토유물

가-45 출토유물

가-50 출토유물

단각고배(굽다리접시)

▶ 누암리 고분군 모습

누암리 고분군은 바깥으로 한 바퀴 돌아볼 수 있습니다.

맨 앞에 있는 가장 큰 무덤은 진골 출신의 무덤이며, 6세기 신라대표유물은 단각고배(굽다리접시)가 출토되었습니다.

활동지

20 년 월 일 요일 ( ) 학년 ( ) 반 ( ) 번 이름 ( )

▶ 보고서를 통해 내용을 정리해 봅시다.

<table>
<tr><td>일 시</td><td colspan="2">20 년 월 일 요일</td></tr>
<tr><td>장 소</td><td colspan="2"></td></tr>
<tr><td>방 법</td><td colspan="2"></td></tr>
<tr><td>준비물</td><td colspan="2"></td></tr>
<tr><td>유의점</td><td colspan="2"></td></tr>
<tr><td colspan="3">학습 내용
(학습 내용들을 요약하여 적고 사진이나 그림 등 기타 상세한 내용은 별첨으로 기록합니다.)</td></tr>
<tr><td>본 일</td><td></td><td rowspan="5">[그림이나 사진]</td></tr>
<tr><td>들은 일</td><td></td></tr>
<tr><td>한 일</td><td></td></tr>
<tr><td>느낀 일</td><td></td></tr>
<tr><td>새롭게
알게 된 일</td><td></td></tr>
<tr><td>나의 반성</td><td colspan="2"></td></tr>
</table>

진흥왕 순수비

진흥왕대는 신라가 종전의 미약했던 국가체제를 벗어나 일대 팽창, 삼국통일의 기틀을 마련한 때입니다. 6세기 진흥왕은 재위 37년 동안 정복적 팽창을 단행하여 낙동강 서쪽의 가야 세력을 완전 병합하였고, 한강 하류 유역으로 진출하여 서해안 지역에 교두보를 확보하였으며, 동북으로는 함경남도 이원 지방에까지 이르렀습니다. 진흥왕은 이렇게 확대된 영역을 직접 순수하면서 이를 기념하려고 이른바 순수비를 세웠습니다. 지금까지 발견된 것은 창녕 신라진흥왕척경비(국보 33)·북한산 신라진흥왕순수비(국보 3)·마운령 진흥왕순수비(북한 국보 111)·황초령 진흥왕순수비(북한 국보 110) 등 모두 4개입니다.

관련교과 초등학교 사회 5-2 1. 옛 사람들의 삶과 문화
1) 나라의 등장과 발전

위 치 북한산비(국립중앙박물관), 창녕비(경상남도 창녕군 창녕읍 교상리 28-1)

교 통 북한산비(4호선 이촌역 국립중앙박물관), 창녕비(창녕시외버스 터미널 농어촌버스 승차(창녕-감리), 프로미월드 정류장 하차)

이용요금 무료

체험 Tip

▶ 지금까지 발견된 순수비는 총 4개입니다. 그중 북한에 있는 마운령비와 함초령비를 제외한 나머지 2개는 북한산순수비와 창녕 척경비입니다.

▶ 북한산순수비는 서울에 있는 국립중앙박물관에 보관하고 있으며(본래 위치인 북한산에는 복제품이 세워져 있습니다.), 매주 월요일 휴무이니 참고하여 방문합시다.

▶ 창녕 척경비는 경남 창녕군에 위치하고 있습니다. 척경비와 함께 볼 수 있는 유적이 여러 가지(척경비, 교동고분군, 석빙고, 화왕산성, 관룡사, 목마산성)가 있습니다. 만옥정공원을 검색하고 찾아가 봅시다.

준비하기

체험 출발 전 조사하기

▶ 의미와 필요성 조사하기

진흥왕의 업적
신라의 전성기
가야의 발전과 멸망

▶ 참고 누리집 사이트 안내

문화재청 http://www.cha.go.kr/cha/idx/Index.do?mn=NS_01
국립중앙박물관 www.museum.go.kr
창녕군 문화관광 www.cng.go.kr/tour.web

▶ 주변 명소(창녕 척경비)

화왕산성
관룡사
목마산성

이런 장소예요

▶ 북한산 순수비

1962년 12월 20일 국보 제3호로 지정되었습니다. 비신(碑身)의 높이 1.54m, 너비 0.69m, 두께 0.16m입니다. 파손이 우려되어 현재는 국립중앙박물관에서 소장하고 있습니다.

지금까지 발견된 4기(基)의 진흥왕순수비 중 하나로, 화강암으로 된 이 비석의 형태는 다른 비와는 달리 직사각형으로 가공된 석재를 사용하여 자연암반 위에 2단의 층을 만들고 세웠습니다. 비신의 상단(上端)에 1단의 촉을 만든 것으로 보아 원래는 개석(蓋石)을 덮었던 것으로 추정됩니다.

▶ 창녕 척경비

1962년 12월 20일에 국보 제33호로 지정되었습니다. 신라 진흥왕 때 세워진 것으로, 화강석제의 최대 높이 1.78m, 최대 폭 1.75m, 두께 약 0.3m입니다. 비는 자연암석을 이용하여 대석(臺石)이나 개석(蓋石)을 사용하지 않은 삼국시대 비석에서 공통적으로 볼 수 있는 형식입니다.

1면을 간 다음 외연(外緣)에 비석 형상을 따라 윤곽선을 돌렸는데, 우상부(右上部)는 암석이 사면(斜面)을 이루고 있으므로 1행씩 낮추어 계단식으로 되어 있습니다.

활동지

20　　년　　월　　일　　요일　　(　　) 학년 (　　) 반 (　　) 번　이름 (　　　　　)

▶ 보고서를 통해 내용을 정리해 봅시다.

<table>
<tr><td>일 시</td><td colspan="2">20　　년　　월　　일　　요일</td></tr>
<tr><td>장 소</td><td colspan="2"></td></tr>
<tr><td>방 법</td><td colspan="2"></td></tr>
<tr><td>준비물</td><td colspan="2"></td></tr>
<tr><td>유의점</td><td colspan="2"></td></tr>
<tr><td colspan="3">학습 내용
(학습 내용들을 요약하여 적고 사진이나 그림 등 기타 상세한 내용은 별첨으로 기록합니다.)</td></tr>
<tr><td>본 일</td><td></td><td rowspan="5">[그림이나 사진]</td></tr>
<tr><td>들은 일</td><td></td></tr>
<tr><td>한 일</td><td></td></tr>
<tr><td>느낀 일</td><td></td></tr>
<tr><td>새롭게
알게 된 일</td><td></td></tr>
<tr><td>나의 반성</td><td colspan="2"></td></tr>
</table>

경주 백률사

절의 창건 연대는 밝혀지지 않았으나 효소왕 2년(693)에 백률사와 대비천에 얽힌 이야기가 전하고 있는 것으로 보아 삼국 통일을 전후한 시기에 창건된 것으로 추정됩니다. 또한 이차돈의 목을 베자 흰 피가 솟았고 그의 목이 하늘로 치솟아 올랐다가 이곳에 떨어지는 이적이 생기자 법흥왕 때 불교를 공인하게 되었으며, 이곳에 절을 세우게 되었다는 이야기도 있습니다. 이러한 영험들과 더불어 상당히 번창한 큰 절이었을 것으로 추정되나 임진왜란으로 큰 피해를 입었습니다.

관련교과 초등학교 사회 5-2 1. 옛 사람들의 삶과 문화
1) 나라의 등장과 발전

위　　치 경북 경주시 동천동 406

전화번호 054-772-8634

교　　통 경주역 버스 승차, 우방아파트입구 정류장 하차

이용요금 무료

체험 Tip

▶ 경주시청 근처의 굴불사지터를 찾아갑시다. 굴불사터 사면석불 위쪽에 상당히 길게 뻗어 올라간 돌계단이 있습니다. 백률사로 오르는 계단입니다.

▶ 현재 건물은 대웅전과 요사채밖에 없어 조용한 절이지만 이차돈의 순교와 신라의 화랑 부례랑을 구출한 대비천에 얽힌 이야기 등 이적이 많은 곳입니다.

준비하기

체험 출발 전 조사하기

▶ 의미와 필요성 조사하기

고구려, 백제, 신라의 불교공인

법흥왕의 업적

이차돈의 순교

▶ 참고 누리집 사이트 안내

문화재청 http://www.cha.go.kr/cha/idx/Index.do?mn=NS_01

국립경주박물관 http://gyeongju.museum.go.kr/

▶ 주변 명소

소금강산

탈해왕릉

이런 장소예요

▶ 백률사

대웅전은 약 3m 높이의 축대 위에 있으며 선조 때에 중창한 것입니다. 대웅전 동쪽 암벽에 삼층탑이 음각되어 있습니다. 신라 시대의 작품이며 대웅전 앞에 탑을 건립할 자리가 없어 소금강산 암벽에 만들었다고 합니다. 이 밖에도 경내에는 옛 건물에 쓰였던 것으로 보이는 초석과 석등의 지붕돌 등이 남아 있습니다. 이곳에서 발굴된 금동약사여래입상과 이차돈 순교 공양비가 국립경주박물관에 안치되어 있습니다. 대웅전 뒤쪽으로 등산길이 오롯이 나 있습니다.

백률사로 오르는 계단

이 등산길을 따라 약 5분 오르면 경비초소가 나타나고 여기에서 북쪽으로 약 50m 아래 지점에 유형문화재 제194호로 지정된 삼존마애불좌상이 있습니다. 석불이 새겨진 바위 위쪽에 손으로 판 구멍이 있는 것으로 보아 마애불을 풍화로부터 보호하려는 어떤 장치가 있었을 것으로 추정됩니다. 백률사 뒤 소금강산 정상은 경주 시내가 가장 잘 보이는 곳 중의 하나이니 꼭 올라가보도록 합시다.

▶ 백률사의 유물(현재 국립경주박물관 소장)

금동약사여래입상

이차돈 순교 공양비

활동지

20 년 월 일 요일 ( ) 학년 ( ) 반 ( ) 번 이름 ( )

▶ 보고서를 통해 내용을 정리해 봅시다.

일 시	20 년 월 일 요일	
장 소		
방 법		
준비물		
유의점		
학습 내용 (학습 내용들을 요약하여 적고 사진이나 그림 등 기타 상세한 내용은 별첨으로 기록합니다.)		
본 일		[그림이나 사진]
들은 일		
한 일		
느낀 일		
새롭게 알게 된 일		
나의 반성		

용산전쟁기념관

용산 전쟁기념관은 호국 자료의 수집·보존·전시, 전쟁의 교훈과 호국정신 배양, 선열들의 호국 위훈 추모를 목적으로 개관한 기념관입니다. 호국추모실, 전쟁역사실, 한국전쟁실, 해외파병실, 국군발전실, 대형 장비실 등 6개 전시실로 구분되어 있습니다. 용산전쟁기념관에서 민족의 혼과 자부심을 느낄 수 있을 것입니다.

관련교과	초등학교 사회 5-2 1. 옛 사람들의 삶과 문화
위 치	서울시 용산구 이태원로 29(용산동 1가)
전화번호	(02)709-3139
홈페이지	https://www.warmemo.or.kr
교 통	6호선 삼각지역 11, 12번 출구(도보 3분), 4호선 삼각지역 1번 출구(도보 5분), 1호선 남영역 1번 출구(도보 10분)
이용요금	무료, 주차요금 2시간까지 3000원(초과 30분당 1000원)

체험 Tip

▶ 매주 월요일은 정기 휴관일입니다. 월요일이 포함된 연휴 때에는 연휴 다음 날 휴관이니 일정을 확인하고 방문하세요.

▶ 홈페이지(https://www.warmemo.or.kr)를 통해 사이버기념관을 체험해보세요.

▶ 다양한 체험시설을 이용해보세요. F-15K 전투기를 실제로 탑승한 것과 같은 생생한 3D 체험, 인천상륙작전 4D체험, 제2연평해전 당시 치열했던 교전상황을 3D영상으로 간접 체험할 수 있는 참수리357호정 안보전시관, 6·25 전쟁 당시 1·4후퇴의 피난과정을 체험할 수 있는 실감영상실이 마련되어 있습니다.

준비하기

체험 출발 전 조사하기

▶ **수나라와 당나라를 물리친 고구려**

수나라와의 살수 대첩 :

살수대첩을 승리로 이끈 장군은? :

당나라와의 안시성 싸움 :

살수대첩과 안시성 싸움을 겪은 후 고구려 :

▶ **고구려가 수나라와 당나라를 물리칠 수 있었던 이유**

▶ **참고 누리집 사이트 안내**

대한민국 국방부

http://www.mnd.go.kr/mbshome/mbs/mnd/

독립기념관

http://www.i815.or.kr/

이런 장소예요

▶ 호국추모실

호국추모실은 국가와 민족이 위기에 처하였을 때 국방의 최일선에서 호국영령으로 산화한 선열들의 정신과 충절의 의미를 되새기고 추모하는 전당입니다. 16만여 명에 달하는 전사자 명부가 봉안되어 있고, 귀면무늬의 수호상, 호국 인물들의 흉상 등이 전시되어 있습니다.

▶ 전쟁 역사실

전쟁 역사실에는 선사시대부터 일제강점기까지의 각종 대외 항쟁 군사자료, 무기와 장비, 호국선열들의 위업 등에 관한 자료들이 시대별로 구분·전시되어 있습니다.

▶ 6·25 전쟁실

6·25 발발의 원인과 전쟁 경과 및 휴전에 이르기까지의 전 과정을 사실적, 역사적으로 재조명하여 6·25 전쟁을 올바르게 인식할 수 있도록 구성되어 있습니다.

▶ 해외 파병실, 국군 발전실, 방산장비실, 대형장비실

활 동 지

20 년 월 일 요일 ( ) 학년 ( ) 반 ( ) 번 이름 ( )

▶ 보고서를 통해 내용을 정리해 봅시다.

일 시	20 년 월 일 요일	
장 소		
방 법		
준비물		
유의점		
학습 내용 (학습 내용들을 요약하여 적고 사진이나 그림 등 기타 상세한 내용은 별첨으로 기록합니다.)		
본 일		[그림이나 사진]
들은 일		
한 일		
느낀 일		
새롭게 알게 된 일		
나의 반성		

경주 김유신묘

김유신(595~673)은 삼국통일에 중심 역할을 한 인물로서, 660년에 귀족회의의 우두머리인 상대등이 되어 백제를 멸망시켰으며, 668년에는 신라군의 총사령관인 대총관(大摠管)이 되어 고구려를 멸망시키고 당의 침략을 막아 신라 삼국통일의 일등공신이 되었습니다. 이러한 공을 세운 김유신의 묘는 무덤의 양식과 조각이 보이는 우수함이나 거대함에 있어 왕릉과 다름없었음을 알 수 있습니다.

관련교과 초등학교 사회 5-2 1. 옛 사람들의 삶과 문화
1) 나라의 등장과 발전
위　　치 경상북도 경주시 충효2길 44-7(충효동 산 7-10)
전화번호 (054)-749-6713
교　　통 버스 승차후 경주초등학교에서 하차(도보 9분)
이용요금 어른 1000원, 청소년 600원, 어린이 400원

체험 Tip

▶ 경주 김유신묘는 보문호수와 함께 유명한 벚꽃길로 손꼽히는 명소입니다. 꽃이 피어나는 3월에 방문해보세요.

▶ 주변의 관광지인 흥무공원과 고무신 박종우 시비, 경주 삼랑사지 당간지주 등도 함께 방문해보세요.

▶ 경주여행 어플을 다운 받아 활용해보세요.

준비하기

체험 출발 전 조사하기

▶ **신라의 삼국통일 과정**

황산벌 전투 :

고구려가 멸망한 이유 :

▶ **삼국 통일의 의의와 한계**

▶ **십이지신이란?**

▶ **참고 누리집 사이트 안내**

문화재청

http://www.cha.go.kr

경주문화관광

http://guide.gyeongju.go.kr

이런 장소예요

▶ 경주 김유신묘

김유신묘

흥무문

십이지상

김유신묘는 흙이 내려앉는 걸 보호하기 위해 주변에 돌을 두르고 그 돌 위에 시간과 방향을 상징하는 열두 마리의 동물을 조각했는데, 전형적인 통일신라시대의 왕릉 형식을 갖추고 있습니다. 김유신은 살아서는 왕이 아니었지만 죽은 후에 그의 공을 인정받고 왕으로 추존받아 '흥무대왕'이라 불렸고 그래서 왕릉의 형식을 갖추게 된 것입니다.

▶ 경주 김유신묘 묘비

경주 김유신묘 앞에는 두 개의 묘비가 있는데, 그중 개국공순충장렬흥무대왕릉(開國公純忠壯烈興武大王陵)이라고 적힌 비석의 릉(陵)자는 비가 오면 묘(墓)자로 변합니다. 이는 김유신이 죽은 후 김유신을 흥무대왕으로 추대하였는데, 일제시대 때 일본인들이 김유신은 왕이 아니기 때문에 고쳤다고 하는 설이 있습니다.

신라태대각간
김유신묘(좌측)

흥무대왕
비석(우측)

맑은 날 비석의 릉(陵)

비가 오면 묘(墓)자로
변하는 모습

활동지

20　　년　　월　　일　　요일　　　(　　　) 학년 (　　　) 반 (　　　) 번　이름 (　　　　　　　　)

▶ 보고서를 통해 내용을 정리해 봅시다.

일 시	20　　년　　월　　일　　요일	
장 소		
방 법		
준비물		
유의점		
학습 내용 (학습 내용들을 요약하여 적고 사진이나 그림 등 기타 상세한 내용은 별첨으로 기록합니다.)		
본 일		[그림이나 사진]
들은 일		
한 일		
느낀 일		
새롭게 알게 된 일		
나의 반성		

국립중앙박물관

국립중앙박물관은 우리 역사와 문화의 중요한 가치를 배우고 즐겁게 체험할 수 있는 공간입니다. 이곳에는 구석기시대의 소박한 손도끼에서부터 삼국시대의 화려한 금관, 고려시대의 청자, 조선시대의 회화, 근대의 사진들에 이르기까지 우리의 역사와 문화예술이 한데 모여 있습니다. 이곳에서 우리 문화의 정수를 마음껏 즐기다 보면 자연스럽게 우리 문화에 대한 자부심을 느낄 수 있을 것입니다.

관련교과 초등학교 사회 5-2 1. 옛 사람들의 삶과 문화
1) 나라의 등장과 발전
위　치 서울시 용산구 서빙고로 137(용산동 6가 168-6)
전화번호 (02)-2077-9682
홈페이지 http://www.museum.go.kr
교　통 지하철 4호선 2번 출구
이용요금 상설전시관 무료, 유료 특별전시는 별도

체험 Tip

▶ 국립중앙박물관 홈페이지에서 교육안내를 확인하고, 다양한 교육 프로그램에 참가해보세요.

▶ 주제가 있는 해설 '스마트 큐레이터'를 온라인으로 미리 접수하면, 큐레이터와 함께 박물관을 관람하실 수 있습니다.

▶ 매주 월요일은 휴관일입니다.

준비하기

체험 출발 전 조사하기

▶ **발해의 문화**

발해 문화의 특징 :

발해 사람들의 생활에 영향을 많이 준 종교 :

▶ **발해의 대표적인 유물과 유적 조사해보기**

▶ **참고 누리집 사이트 안내**

국립중앙박물관

http://www.museum.go.kr

e뮤지엄

http://www.emuseum.go.kr

이런 장소예요

▶ 국립중앙박물관 발해실

용머리상

짐승얼굴기와

부처

발해(698~926년)는 대조영(大祚榮)이 고구려 유민들을 모아 만주 동모산(東牟山) 일대에 세운 나라입니다. 전성기의 발해는 대동강 이북의 한반도 북부 지역, 중국의 랴오닝성(遼寧省), 지린성(吉林省), 헤이룽장성(黑龍江省)과 러시아의 연해주 일대에 이르는 넓은 영토를 차지하였습니다. 중국에서 '바다 동쪽의 융성한 나라(海東盛國)'로 칭송할 정도로 수준 높은 문화를 이루었으며, 선진 문물을 적극적으로 받아들여 각종 제도를 정비하였습니다. 발해는 넓은 영토를 효과적으로 다스리기 위하여 5경을 두었고, 여러 차례 수도를 옮겼습니다. 도성인 상경·중경·동경에서는 잘 지어진 궁전 건축물과 화려하게 장식된 기와, 벽돌, 용머리, 토기, 무기, 각종 불상 등이 출토되어 발해 사람들의 높은 문화 수준을 보여주고 있습니다.

발해는 당나라와 신라는 물론 일본과도 활발하게 교류하면서 발전하였습니다. 발해는 멸망한 후에도 유민들 중 일부가 고려로 들어와 우리 민족사에서 그 맥을 이어갔습니다.

▶ 국립중앙박물관의 상설전시장

국립중앙박물관의 상설전시장은 총 6개의 관(선사·고대관, 중·근세관, 서화관, 기증관, 조각·공예관, 아시아관)과 50개의 실로 구성되어 12,044점의 유물을 전시하여 제공하고 있으며 전시물은 외부전시일정 및 유물의 보존 상태를 위하여 주기적으로 교체하고 있습니다.

활동지

20　　년　　월　　일　　요일　　　(　　　) 학년 (　　　) 반 (　　　) 번　이름 (　　　　　　　　)

▶ 보고서를 통해 내용을 정리해 봅시다.

<table>
<tr><td>일 시</td><td colspan="2">20　　년　　월　　일　　요일</td></tr>
<tr><td>장 소</td><td colspan="2"></td></tr>
<tr><td>방 법</td><td colspan="2"></td></tr>
<tr><td>준비물</td><td colspan="2"></td></tr>
<tr><td>유의점</td><td colspan="2"></td></tr>
<tr><td colspan="3">학습 내용
(학습 내용들을 요약하여 적고 사진이나 그림 등 기타 상세한 내용은 별첨으로 기록합니다.)</td></tr>
<tr><td>본 일</td><td></td><td rowspan="5">[그림이나 사진]</td></tr>
<tr><td>들은 일</td><td></td></tr>
<tr><td>한 일</td><td></td></tr>
<tr><td>느낀 일</td><td></td></tr>
<tr><td>새롭게
알게 된 일</td><td></td></tr>
<tr><td>나의 반성</td><td colspan="2"></td></tr>
</table>

오어사

대한불교조계종 11교구 본사인 불국사의 말사입니다. 신라 진평왕(眞平王) 때 창건하여 처음에는 항사사(恒沙寺)라고 하였습니다. 《삼국유사》에 나오는 절 이름 가운데 몇 안되는 현존 사찰의 하나입니다. 혜공(惠空)·원효(元曉)·자장(慈藏)·의상(義湘) 등의 승려가 기거했던 곳으로 잘 알려져 있습니다. 주변에는 오어호(吾魚湖)라는 깊은 저수지가 있고, 경내에는 대웅전을 비롯한 13동의 당우(堂宇)가 세워져 있으며, 자장암(慈藏庵)·원효암(元曉庵) 등의 부속암자가 있습니다. 이 절의 대표적인 유물은 대웅전 안에 보관되어 있는 원효대사의 삿갓입니다.

관련교과 초등학교 사회 5-2 1. 옛 사람들의 삶과 문화
2) 독창적 문화를 발전시킨 고려

위　치 경상북도 포항시 남구 오천읍 오어로 1

전화번호 054-292-2083

교　통 시내에서 오천행 시내버스 이용(수시 운행) 오천 구종점에서 하차 후, 오어사행 버스 탑승

이용요금 무료

체험 Tip

▶ 버스에서(자가용 이용자도 마찬가지) 내려서 오어사까지 걸어가는 시간이 긴 편입니다(15~20분). 활동이 편한 복장으로 오도록 합시다.

▶ 오어사 근처에 자장암과 원효암에 오르는 길은 꽤 가파른 산길입니다.

준비하기

체험 출발 전 조사하기

▶ **의미와 필요성 조사하기**

원효대사

자장율사

의상대사

통일신라 시대의 유명한 승려들

▶ **참고 누리집 사이트 안내**

문화재청 http://www.cha.go.kr/cha/idx/Index.do?mn=NS_01

포항문화관광 http://phtour.ipohang.org/

▶ **주변 명소**

원효암

자장암

이런 장소예요

▶ 오어사 가는 길

암자 앞 출렁다리

다리 너머 산책로

산책로에서 내려다보이는 오어사

오어사 뒤편으로 보이는 자장암

▶ 오어사와 원효대사

원효암

원효대사 삿갓

활동지

20　　년　　월　　일　　요일　　(　　) 학년 (　　) 반 (　　) 번　이름 (　　　　　)

▶ 보고서를 통해 내용을 정리해 봅시다.

<table>
<tr><td>일 시</td><td colspan="2">20　　년　　월　　일　　요일</td></tr>
<tr><td>장 소</td><td colspan="2"></td></tr>
<tr><td>방 법</td><td colspan="2"></td></tr>
<tr><td>준비물</td><td colspan="2"></td></tr>
<tr><td>유의점</td><td colspan="2"></td></tr>
<tr><td colspan="3">학습 내용
(학습 내용들을 요약하여 적고 사진이나 그림 등 기타 상세한 내용은 별첨으로 기록합니다.)</td></tr>
<tr><td>본 일</td><td></td><td rowspan="5">[그림이나 사진]</td></tr>
<tr><td>들은 일</td><td></td></tr>
<tr><td>한 일</td><td></td></tr>
<tr><td>느낀 일</td><td></td></tr>
<tr><td>새롭게
알게 된 일</td><td></td></tr>
<tr><td>나의 반성</td><td colspan="2"></td></tr>
</table>

경주 분황사

경북 경주에 위치한 분황사(芬皇寺)는 신라 선덕왕(善德王) 때 개창되었는데, 당시의 왕권 강화와 정국의 안정을 위하여 세워진 것으로 추정됩니다. 의상(義湘)대사, 원효(元曉)대사, 설총(薛聰) 등의 고승들이 머물렀던 사찰로 유명합니다. 현재는 분황사 모전석탑과 원효대사를 기리는 비의 받침돌인 화쟁국사비부, 분황사석정, 분황사약사여래입상이 남아있습니다.

관련교과 초등학교 사회 5-2 1. 옛 사람들의 삶과 문화
2) 독창적 문화를 발전시킨 고려
위　　치 경북 경주시 분황로 94-11, 분황사(구황동)
전화번호 (054)-742-9922
홈페이지 http://www.bunhwangsa.org
교　　통 버스 분황사 정류장 하차
이용요금 어른 1,300원, 어린이 800원

체험 Tip

▶ 경주 시내에서 자전거를 대여하여 자전거 투어를 해 보세요. 아름다운 자연 환경이 돋보이는 경주 황룡사지와 경주 동궁과 월지, 주변의 연꽃단지와 묶어서 함께 관람하면 더욱 좋습니다.

▶ 분황사의 이용시간은 동절기는 09:00~17:00까지, 하절기는 09:00~18:00까지입니다.

준비하기

체험 출발 전 조사하기

▶ **통일 신라의 문화**

통일 신라의 불교 문화재 :

▶ **원효대사 :**

▶ **참고 누리집 사이트 안내**

문화재청

http://www.cha.go.kr

경주문화관광

http://guide.gyeongju.go.kr

이런 장소예요

▶ 선사시대 유물 전시

분황사 모전석탑

돌사자상

감실 및 인왕상

청동기 시대에 이르러 도구의 발달과 함께 농사의 수확량이 늘어나면서 많이 가진 사람과 적게 가진 사람이 생겨나게 되었고, 풍년을 맞은 지역과 흉년을 맞은 지역 등이 생겨나게 되었습니다. 그 결과 다툼이 생겨 지배하는 사람과 지배받는 사람이 생겨났고, 지배자가 죽으면 고인돌이라는 무덤을 만들어 그 사람의 힘을 보여 주려고 하였습니다.

▶ 강화도의 고인돌 문화

청동기 시대에 이르러 도구의 발달과 함께 농사의 수확량이 늘어나면서 많이 가진 사람과 적게 가진 사람이 생겨나게 되었고, 풍년을 맞은 지역과 흉년을 맞은 지역 등이 생겨나게 되었습니다. 그 결과 다툼이 생겨 지배하는 사람과 지배받는 사람이 생겨났고, 지배자가 죽으면 고인돌이라는 무덤을 만들어 그 사람의 힘을 보여 주려고 하였습니다.

활동지

20　　년　　월　　일　　요일　　(　　) 학년 (　　) 반 (　　) 번 이름 (　　　　)

▶ 보고서를 통해 내용을 정리해 봅시다.

일 시	20　　년　　월　　일　　요일	
장 소		
방 법		
준비물		
유의점		
학습 내용 (학습 내용들을 요약하여 적고 사진이나 그림 등 기타 상세한 내용은 별첨으로 기록합니다.)		
본 일		[그림이나 사진]
들은 일		
한 일		
느낀 일		
새롭게 알게 된 일		
나의 반성		

강화산성과 고려궁지

강화산성은 고려 무신정권 때 몽고의 침입에 대항하기 위하여 쌓은 산성입니다. 몽고군의 침입으로 국가가 위기에 빠지자 당시 집권자 최우가 대몽항쟁의 기치를 들고 강화로 천도하여 끝까지 항쟁하고자 궁궐과 함께 지은 성입니다. 성문 4개와 방어시설을 갖추었습니다. 성은 내성·중성·외성이 있었는데, 이 중 내성은 주위 약 1,200m로 지금의 강화산성입니다. 고려궁지는 강화산성 내부에 있으며 고려가 몽골의 침략에 대항하던 39년 동안의 고려궁궐터입니다. 1270년 고려가 송도로 환도할 때 몽골군에 의해 많은 민가가 헐어지고 궁도 허물어졌습니다. 조선시대에 들어와서 많은 건물들이 세워졌지만 지금은 강화 유수부 동헌과 이방청, 외규장각, 강화동종 등만 남아 있습니다.

관련교과	초등학교 사회 5-2 1. 옛 사람들의 삶과 문화 2) 독창적 문화를 발전시킨 고려
위 치	인천 강화군 강화읍 국화리 산3번지 일원
전화번호	032-932-5464(강화관광 안내소)
교 통	공항철도 검암역 1번 출구 200m 버스 승차 → '수협' 정류장에서 하차(2시간) → 동문 도착
이용요금	고려궁지 입장료 성인 900원, 어린이 600원

체험 Tip

- 강화 역사문화 연구소 홈페이지를 활용해보세요.(문화재마당→관청/건물)
  http://www.ganghwado.org/
- 강화산성의 동문이 대중교통이 편리합니다. 이동순서는 강도동문→고려궁지→강도북문→강도남문→강도남문으로 돌아보는 코스를 추천합니다.
- 고려궁지는 1977년에 대대적으로 복수되어 현재의 모습으로 남아있으나, 고려시대의 건물은 남아있지 않습니다. 조선시대 때의 건물도 강화유수부의 동헌과 이방청, 외규장각이 전부입니다. 고려시대에는 몽골의 침략으로, 조선시대에는 프랑스 등 외세의 침략으로 많은 건물이 없어졌기 때문입니다. 몽골의 침략과 프랑스의 침략(병인양요)에 대해서 미리 알아보고 오면 좋을 것 같습니다.

준비하기

체험 출발 전 조사하기

▶ **의미와 필요성 조사하기**

강화도에 침략한 다른 나라 :

몽골의 침략과 그 과정 :

병인양요로 인한 문화재 피해 :

외규장각과 내규장각 :

강화유수부가 만들어진 배경 :

사적이란 :

▶ **참고 누리집 사이트 안내**

문화재청 http://www.cha.go.kr/cha/idx/Index.do?mn=NS_01

강화군 문화관광 http://www.ganghwa.incheon.kr/open_content/tour/

강화로닷컴 http://www.ghtv.kr/

이런 장소예요

▶ 강화산성의 성문

강도동문과 망한루

강도남문과 안파루

강도북문과 진송루

▶ 고려궁지에 남아있는 건물, 유적

강화유수부

조선시대 강화의 책임자인 유수가 업무를 보던 중심 건물입니다. 1638년 유수 김신국이 수리하였고, 건물구조는 정면 8칸, 측면 3칸의 팔작지붕의 단층집으로 1977년에 현재의 모습으로 복원되었습니다.

외규장각

조선시대 왕실 관련 서적을 보관할 목적으로 설치되었으며, 특히 왕이 친히 열람하는 어람용 의궤를 보관하였습니다.

강화동종

본래 경기도 광주 관청리의 도로변에 있던 것을 1977년에 현 위치로 옮겼습니다. 이 종은 정상이 반구형이며, 그 중앙에 용뉴(龍鈕)가 붙었는데, 용뉴의 형태는 U자를 엎어놓은 모양에 양쪽에 용두가 붙은 쌍룡입니다.

활동지

20　　년　　월　　일　　요일　　　(　　　) 학년 (　　　) 반 (　　　) 번　이름 (　　　　　　　)

▶ 보고서를 통해 내용을 정리해 봅시다.

<table>
<tr><td>일 시</td><td colspan="2">20　　년　　월　　일　　요일</td></tr>
<tr><td>장 소</td><td colspan="2"></td></tr>
<tr><td>방 법</td><td colspan="2"></td></tr>
<tr><td>준비물</td><td colspan="2"></td></tr>
<tr><td>유의점</td><td colspan="2"></td></tr>
<tr><td colspan="3">학습 내용
(학습 내용들을 요약하여 적고 사진이나 그림 등 기타 상세한 내용은 별첨으로 기록합니다.)</td></tr>
<tr><td>본 일</td><td></td><td rowspan="5">[그림이나 사진]</td></tr>
<tr><td>들은 일</td><td></td></tr>
<tr><td>한 일</td><td></td></tr>
<tr><td>느낀 일</td><td></td></tr>
<tr><td>새롭게
알게 된 일</td><td></td></tr>
<tr><td>나의 반성</td><td colspan="2"></td></tr>
</table>

부안 청자박물관

부안 청자박물관은 전국 부안군 유천리에 세워졌습니다. 유천리 도요지는 사적 제69호로 지정되어 있고, 우리 민족의 귀중한 문화유산인 고려청자(상감청자)의 역사와 전통을 알리고 있습니다. 근처에 세워진 부안청자박물관은 제1종 전문박물관으로서 진품유물을 관람할 수 있는 전시동과 도자기 만들기 체험을 할 수 있는 체험동, 그리고 천 년 전 고려청자를 구워냈던 가마터를 직접 관찰할 수 있는 야외사적공원 등 다채로운 공간이 마련되어 있습니다.

관련교과 초등학교 사회 5-2 1. 옛 사람들의 삶과 문화
2) 독창적 문화를 발전시킨 고려

위 치 전북 부안군 보안면 청자로 1493

전화번호 (063) 580-3964

홈페이지 https://www.buan.go.kr/buancela/index.buan

교 통 부안시외버스터미널 승차→유천휴게소 정류장에서 하차→박물관 입구까지 100m 이동

이용요금 성인 3000원, 어린이 1000원

체험 Tip

▶ 부안 청자박물관 홈페이지
http://www.buancela.go.kr/

▶ 도자기 체험의 경우 별도의 이용료가 필요합니다. 단체체험의 경우에는 사전 예약이 필요하니 박물관 홈페이지를 참고하거나, 전화로 문의하여야 합니다.

▶ 하루 중 체험활동을 할 수 있는 시간은 정해져 있으며, 완성품 배송까지 4~6주 소요되니 참고하시면 좋습니다.

준비하기

체험 출발 전 조사하기

▶ 의미와 필요성 조사하기

고려청자의 특징
고려청자 주요 도요지
청자와 백자의 차이
도자기 제작과정

▶ 참고 누리집 사이트 안내

문화재청 http://www.cha.go.kr/cha/idx/Index.do?mn=NS_01
전라북도 문화관광 정보 http://www.gojb.net/

▶ 주변 유적지 소개

유천리 도요지
진서리 도요지

이런 장소예요

▶ 전시동

청자상감국화문잔

순청자탁잔

청자음양각당초문접시

▶ 체험동

직접 청자를 만드는 체험을 할 수 있습니다.

▶ 가마터

활동지

20　　년　　월　　일　　요일　　　(　　　) 학년 (　　　) 반 (　　　) 번　이름 (　　　　　　　　)

▶ 보고서를 통해 내용을 정리해 봅시다.

<table>
<tr><td>일 시</td><td colspan="2">20　　년　　월　　일　　요일</td></tr>
<tr><td>장 소</td><td colspan="2"></td></tr>
<tr><td>방 법</td><td colspan="2"></td></tr>
<tr><td>준비물</td><td colspan="2"></td></tr>
<tr><td>유의점</td><td colspan="2"></td></tr>
<tr><td colspan="3">학습 내용
(학습 내용들을 요약하여 적고 사진이나 그림 등 기타 상세한 내용은 별첨으로 기록합니다.)</td></tr>
<tr><td>본 일</td><td></td><td rowspan="5">[그림이나 사진]</td></tr>
<tr><td>들은 일</td><td></td></tr>
<tr><td>한 일</td><td></td></tr>
<tr><td>느낀 일</td><td></td></tr>
<tr><td>새롭게
알게 된 일</td><td></td></tr>
<tr><td>나의 반성</td><td colspan="2"></td></tr>
</table>

파주 혜음원지

광탄면 용미리에 위치한 혜음원지는 고려 전기 때 국가에서 설립했던 숙박시설이 있던 곳입니다. 또한 사찰과 원으로서의 기능도 하였습니다. 혜음원은 파주시와 고양시를 잇는 혜음령 고개 동쪽 능선 아래 아늑한 곳에 자리하고 있으며 주변으로 산세가 웅장하고 준엄하여 자연경관이 빼어납니다.

역사적으로는 한양으로 통하는 주요 길목으로 중국 사신들이 한양으로 가기 위해 반드시 거쳐야 하는 교통의 요지였으며, 임진왜란 시 벽제관 전투의 주무대가 되기도 했던 곳입니다.

관련교과 초등학교 사회 5-2 1. 옛 사람들의 삶과 문화
2) 독창적 문화를 발전시킨 고려
위 치 파주시 광탄면 혜음로 454번길 18-55
전화번호 031-940-4354
교 통 -
이용요금 없음

체험 Tip

▶ 실외에 위치하고 있으므로, 일기예보를 확인하고 움직이는 편이 좋습니다.

▶ 가벼운 옷차림을 하고, 주변 산을 등산하는 것도 추천할 만합니다.

▶ 파주 혜음원지는 유적 발굴 및 복원이 진행 중에 있습니다.

준비하기

체험 출발 전 조사하기

▶ 의미와 필요성 조사하기

고려시대의 개경과 남경의 위치
고려시대 국립숙박 시설
고려시대의 사찰과 원이란?
고려와 다른 나라 사이의 무역

▶ 참고 누리집 사이트 안내

문화재청 http://www.cha.go.kr/cha/idx/Index.do?mn=NS_01
파주시 문화관광 http://tour.paju.go.kr/

▶ 주변 유적지 소개

파주삼릉
용미리 마애이불입상

이런 장소예요

▶ 파주 혜음원지

고려의 수도인 개성의 동남방 지역에서 수도로 들어오는 길목인 혜음령은 사람과 물산의 왕래가 빈번하여 언제나 붐비는 길이었다고 합니다. 그러나 골짜기가 깊고 수목이 울창하여 호랑이와 도적들이 때때로 행인들을 해치기가 일쑤여서 일 년에 수백 명씩 피해자가 속출했다고 합니다. 이에 예종이 개경과 남경(서울) 사이에 왕래하는 행인을 보호하고 편의를 제공하기 위하여 예종 16년 2월에 착공, 동왕 17년(1121) 2월에 완공한 것이 바로 혜음원입니다. 지금은 그 터만 남아있습니다. 발굴과정에서 고려시대의 유물이 많이 발견되었습니다.

▶ 주변 환경, 유물

파주삼릉

용미리 마애이불입상

활동지

20　　년　　월　　일　　요일　　(　　) 학년 (　　) 반 (　　) 번　이름 (　　　　)

▶ 보고서를 통해 내용을 정리해 봅시다.

일 시	20　　년　　월　　일　　요일	
장 소		
방 법		
준비물		
유의점		
학습 내용 (학습 내용들을 요약하여 적고 사진이나 그림 등 기타 상세한 내용은 별첨으로 기록합니다.)		
본 일		[그림이나 사진]
들은 일		
한 일		
느낀 일		
새롭게 알게 된 일		
나의 반성		

관촉사

고려시대(968)에 혜명(慧明)이 불사를 짓기 시작하여 1006년에 완공하였습니다. 전해지는 설화에 의하면 산에서 고사리를 캐던 여인이 아이의 울음소리를 듣고 그곳으로 가보니 아이는 없고 큰 바위에서 아이 우는 소리가 들렸다고 합니다. 나라에서는 그곳을 신성하다고 여겨 절을 짓게 하였다고 전합니다. 옛날 중국의 지안(智安)이라는 스님이 이 절에 세워진 은진미륵을 보고 "마치 촛불을 보는 것같이 미륵이 빛난다" 하면서 예배하였습니다. 이런 연유로 관촉사라는 이름이 붙여졌다고 전해집니다. 관촉사에는 전국에서 가장 큰 석불인 은진미륵과 함께 보물로 지정된 석등이 있습니다.

관련교과 초등학교 사회 5-2 1. 옛 사람들의 삶과 문화
2) 독창적 문화를 발전시킨 고려
위 치 충청남도 논산시 관촉로1번길 25
전화번호 041-736-5700
교 통 논산터미널 앞 버스 승차
이용요금 성안 2000원 청소년 1500원 어린이 1000원

체험 Tip

▶ 논산터미널에서 대중교통을 이용하여 편리하게 갈 수 있습니다.

▶ 일몰까지만 개방하므로 너무 늦은 시간에 방문은 피해야 합니다.

▶ 주변에 먹거리가 없습니다. 도시락을 싸오거나, 식사를 해결한 후 오도록 합시다.

준비하기

체험 출발 전 조사하기

▶ **의미와 필요성 조사하기**

고려 광종의 업적
호족이란?
고려시대 불상의 모습 변화

▶ **참고 누리집 사이트 안내**

문화재청
http://www.cha.go.kr/cha/idx/Index.do?mn=NS_01
논산 문화관광
https://www.nonsan.go.kr/tour/

▶ **주변 유적지 소개**

은진향교
관촉리 비로자나 석불

이런 장소예요

▶ 관촉사의 유물들

관촉사에는 높이가 18m에 이르는 은진미륵과, 보물 232호로 지정된 관촉사 석등, 다른 사찰에서는 찾아볼 수 없는 특이한 형태의 관촉사 석문이 있습니다.

▶ 주변 환경, 유물

관촉리 비로자나 석불

은진향교

활동지

20 년 월 일 요일 ( ) 학년 ( ) 반 ( ) 번 이름 ( )

▶ 보고서를 통해 내용을 정리해 봅시다.

<table>
<tr><td>일 시</td><td colspan="2">20 년 월 일 요일</td></tr>
<tr><td>장 소</td><td colspan="2"></td></tr>
<tr><td>방 법</td><td colspan="2"></td></tr>
<tr><td>준비물</td><td colspan="2"></td></tr>
<tr><td>유의점</td><td colspan="2"></td></tr>
<tr><td colspan="3">학습 내용
(학습 내용들을 요약하여 적고 사진이나 그림 등 기타 상세한 내용은 별첨으로 기록합니다.)</td></tr>
<tr><td>본 일</td><td></td><td rowspan="5">[그림이나 사진]</td></tr>
<tr><td>들은 일</td><td></td></tr>
<tr><td>한 일</td><td></td></tr>
<tr><td>느낀 일</td><td></td></tr>
<tr><td>새롭게
알게 된 일</td><td></td></tr>
<tr><td>나의 반성</td><td colspan="2"></td></tr>
</table>

청평사

청평사는 고려 광종 24년(973)에 지어져 '백암선원'이라 부르던 유서 깊은 사찰입니다. 오랜 세월과 한국전쟁으로 인해 문수원기비와 국보였던 극락전 등이 불타 없어졌으며, 현재의 극락전은 최근에 다시 지은 것입니다. 남아 있는 유물로는 회전문(보물 제164호), 삼층석탑, 진락공 부도, 환숙당 부도 등이 있습니다. 또한 고려 시대에 관직에 있던 이자현이 벼슬을 버리고 숨어 지내던 문수원과 영지가 남아 있는데, 이곳은 고려시대의 정원을 알 수 있는 중요한 유적입니다.

관련교과	초등학교 사회 5-2 1. 옛 사람들의 삶과 문화 2) 독창적 문화를 발전시킨 고려
위 치	강원도 춘천시 북산면 청평1리
전화번호	(033) 244-1095
홈페이지	http://www.cheongpyeongsa.co.kr/
교 통	소양댐에서 유람선 탑승
이용요금	어른 2,000원 학생 1,200원 어린이 800원

체험 Tip

▶ 여름에 가족과 함께 오면 탁 트인 소양강과 청평계곡, 부용계곡, 구성폭포와 함께 시원하게 관람할 수 있습니다.

▶ 소양댐에서 유람선을 이용해서 갈 수 있습니다. 하절기에는 10:00~18:00까지 30분 간격으로 운행되며 동절기는 10:30~16:30까지 1시간 간격으로 운행됩니다. 요금은 왕복 대인 6,000원, 소인 4,000원입니다.

준비하기

체험 출발 전 조사하기

▶ **의미와 필요성 조사하기**

마한, 고려시대 사찰의 기능

▶ **참고 누리집 사이트 안내**

문화재청 http://www.cha.go.kr/cha/idx/Index.do?mn=NS_01

▶ **주변 유적지 소개**

소양댐

오봉산, 부용산

청평계곡, 부용계곡, 냉장골계곡

이런 장소예요

▶ 청평사 고려선원

고려선원 회전문

청평사 구성폭포

청평사 고려선원 전경

고려 중기 당대 최고 권문세도가의 한 청년이 모든 부귀영화를 버리고 청평산 깊은 곳, 선원(불교의 선(禪)을 익히고 실천하는 수행처)으로 스며들었습니다. 대자연의 고요 속에서 37년간 참선을 실천했던 고려 귀족 이지현이 사랑했던 이곳은 더러운 것을 맑게 하고(청(淸)) 소란스러운 것들을 평화롭게 한다(평(平))는 의미로 청평산(현 오봉산)이라 이름 짓고 자신의 호도 청평이라 지었습니다.

후에 조선 중기 보우대사가 그의 호를 따 '청평사'로 개칭하여 사찰을 크게 고쳐 세웠으나 일제 강점기와 한국 전쟁을 겪으며 대부분의 건물이 소실되고 경내에는 이자현이 만든 고려시대 연못 영지와, 보우대사가 건립한 회전문(보물 제164호)이 남아있습니다. 1970년대 이후 꾸준한 중건을 통해 대부분이 복원되었습니다. 천년의 세월 동안 건물도, 이름도 바뀌었지만 맑고 평화롭게 마음을 밝혀주던 대자연만은 변함없는 고요함으로 우리를 맞이하는 곳입니다.

활동지

20 년 월 일 요일 ( ) 학년 ( ) 반 ( ) 번 이름 ( )

▶ 보고서를 통해 내용을 정리해 봅시다.

<table>
<tr><td>일 시</td><td colspan="2">20 년 월 일 요일</td></tr>
<tr><td>장 소</td><td colspan="2"></td></tr>
<tr><td>방 법</td><td colspan="2"></td></tr>
<tr><td>준비물</td><td colspan="2"></td></tr>
<tr><td>유의점</td><td colspan="2"></td></tr>
<tr><td colspan="3">학습 내용
(학습 내용들을 요약하여 적고 사진이나 그림 등 기타 상세한 내용은 별첨으로 기록합니다.)</td></tr>
<tr><td>본 일</td><td></td><td rowspan="5">[그림이나 사진]</td></tr>
<tr><td>들은 일</td><td></td></tr>
<tr><td>한 일</td><td></td></tr>
<tr><td>느낀 일</td><td></td></tr>
<tr><td>새롭게
알게 된 일</td><td></td></tr>
<tr><td>나의 반성</td><td colspan="2"></td></tr>
</table>

해인사 장경판전

해인사는 한국불교의 성지이며 또한 세계문화유산 및 국보 보물 등 70여 점의 유물이 산재해 있습니다.

국내 최대 사찰로서 명산인 가야산 자락에 위치하여, 가야산을 뒤로하고 매화산을 앞에 두고 있어 그 웅장한 모습과 주변 경관이 어우러져 경이로울 뿐 아니라 송림과 산사가 어우러져 연출하는 설경은 보는 이로 하여금 신비경에 젖게 합니다.

관련교과	초등학교 사회 5-2 1. 옛 사람들의 삶과 문화 2) 독창적 문화를 발전시킨 고려
위 치	경상남도 합천군 가야면 해인사길
전화번호	055-934-3000
교 통	대구, 대전, 거창, 고령, 진주터미널에서 해인사행 버스 승차
홈페이지	http://www.haeinsa.or.kr
이용요금	성인 3,000원 청소년 1,500원 어린이 700원

체험 Tip

- ▶ 대중교통 이용 시 거창, 진주, 대구, 대전, 고령, 합천 등의 버스터미널에서 해인사행 버스를 탑승하면 되겠습니다. (해인사 시외 버스터미널 055) 932-9362)
- ▶ 입장료는 현금 결제만 가능합니다. (해인사 매표소 055)934-3140)
- ▶ 팔만대장경 관람시간 08 : 00 ~ 18 : 00(하절기) / 08 : 00 ~ 17 : 00(동절기)
- ▶ 해인사로 들어가기 전에 해인사 성보박물관이 있습니다. 관심 있는 사람은 시간적 여유를 두고 와야 합니다.
- ▶ 주변에 가야산을 포함한 합천의 8경이 있습니다. 여기까지 왔다면 보고 가는 것도 좋을 것 같습니다.

준비하기

체험 출발 전 조사하기

▶ 의미와 필요성 조사하기

고려에 침입한 외세
팔만대장경의 의미
팔만대장경을 만든 이유
팔만대장경을 만든 사람

▶ 참고 누리집 사이트 안내

문화재청 http://www.cha.go.kr/cha/idx/Index.do?mn=NS_01
해인사 홈페이지 http://www.haeinsa.or.kr/
해인사 성보박물관 www.haeinsamuseum.com

▶ 주변 명소

가야산
해인사 마애불
사명대사비

이런 장소예요

▶ 해인사의 국보들

국보 52호 해인사 장경판전

국보 32호 해인사 대장경판

국보 206호 해인사 고려목판

▶ 해인사의 보물들

보물 제264호
해인사 석조여래입상

보물 제518호
원당암 다층석탑 및 석등

보물 제1242호
해인사 길상탑

▶ 해인사는 한국불교의 성지이며 또한 세계문화유산 및 국보 보물 등 70여 점의 유물이 산재해 있습니다.

활동지

20　　년　　월　　일　　요일　　　(　　　) 학년 (　　　) 반 (　　　) 번 이름 (　　　　　　)

▶ 보고서를 통해 내용을 정리해 봅시다.

일 시	20　　년　　월　　일　　요일	
장 소		
방 법		
준비물		
유의점		
학습 내용 (학습 내용들을 요약하여 적고 사진이나 그림 등 기타 상세한 내용은 별첨으로 기록합니다.)		
본 일		[그림이나 사진]
들은 일		
한 일		
느낀 일		
새롭게 알게 된 일		
나의 반성		

낙성대 공원

고려시대의 명장 강감찬(姜邯贊, 948~1031) 장군이 태어난 낙성대에 있는 공원으로, 낙성대를 보존하고, 강감찬 장군을 기리기 위해 조성하였습니다. 낙성대(落星垈)는 강감찬 장군이 태어날 때 출생지에 큰 별이 떨어졌다는 전설에 따라 붙은 이름입니다.

공원에서 가장 중심이 되는 공간은 강감찬 장군의 사당인 안국사(安國祠)로 안국문(외삼문), 삼층석탑, 내삼문, 고려 강감찬장군사적비 그리고 본 건물인 사당으로 이루어져 있습니다.

관련교과 초등학교 사회 5-2 1. 옛 사람들의 삶과 문화
2) 독창적 문화를 발전시킨 고려
위 치 서울특별시 관악구 낙성대로 77
전화번호 02-877-6896
교 통 지하철 2호선 낙성대역 4번 출구에서 600m
이용요금 무료

체험 Tip

- 울창한 숲을 이루고 있는 공원은 계절 따라 꽃이 피고 지고, 가을에는 단풍으로 곱게 물들어 풍광이 뛰어납니다. 자작나무숲·소나무군락지·참나무숲·사시나무군락지·전나무길·버드나무숲이 형성되어 있으며 산책로의 길이는 총 3km입니다.
- 해마다 10월에는 공원에서 강감찬 장군의 호국정신을 기리는 추모제인 낙성대인헌제(落星垈仁憲祭)가 열립니다.
- 공원을 꼼꼼히 돌아보려면 약 2시간이 걸리며, 토요일과 일요일 오전에는 낙성대 숲속여행 프로그램이 진행됩니다.
- 분수시설을 갖춘 연못과 야외놀이마당, 야외예식장도 있습니다.
- 주변에 강감찬 장군 생가 터(낙성대)가 있습니다. 생가 터에는 현재 비석만 남아있습니다.

준비하기

체험 출발 전 조사하기

▶ 의미와 필요성 조사하기

고려에 침입한 외세

거란족의 침입과 강감찬의 활약

▶ 참고 누리집 사이트 안내

문화재청 http://www.cha.go.kr/cha/idx/Index.do?mn=NS_01

관악특별구 홈페이지 http://www.gwanak.go.kr

▶ 주변 명소

관음사

호암미술관

관악산

강감찬 생가 터(낙성대)

이런 장소예요

▶ 낙성대 공원

안국사

기마청동상

낙성대 삼층석탑

▶ 주변 경관

▶ 낙성대유지(강감찬 장군 생가 터)

활동지

20 년 월 일 요일 ( ) 학년 ( ) 반 ( ) 번 이름 ( )

▶ 보고서를 통해 내용을 정리해 봅시다.

<table>
<tr><td>일 시</td><td colspan="2">20 년 월 일 요일</td></tr>
<tr><td>장 소</td><td colspan="2"></td></tr>
<tr><td>방 법</td><td colspan="2"></td></tr>
<tr><td>준비물</td><td colspan="2"></td></tr>
<tr><td>유의점</td><td colspan="2"></td></tr>
<tr><td colspan="3">학습 내용
(학습 내용들을 요약하여 적고 사진이나 그림 등 기타 상세한 내용은 별첨으로 기록합니다.)</td></tr>
<tr><td>본 일</td><td></td><td rowspan="5">[그림이나 사진]</td></tr>
<tr><td>들은 일</td><td></td></tr>
<tr><td>한 일</td><td></td></tr>
<tr><td>느낀 일</td><td></td></tr>
<tr><td>새롭게 알게 된 일</td><td></td></tr>
<tr><td>나의 반성</td><td colspan="2"></td></tr>
</table>

서희 장군 묘

고려 초기의 외교가이며 문신인 장위공 서희(942~998)의 묘소입니다. 서희는 성종 12년(973)에 거란이 침입하여 압록강을 건너오자 거란의 장수 소손녕과 담판하여 고려가 고구려의 후계자임을 내세워 거란군을 물러가게 하였습니다. 그 후 청천강 이북에 있던 여진족을 토벌하고 강동 6주를 설치하여 평안북도 일대의 땅을 확보하였습니다. 그의 묘는 부인의 묘와 같이 있는 합장묘이고, 봉분 아래에 2단의 둘레석을 두른 형태입니다. 쌍분의 가운데에 묘비가 서 있고, 상석과 장명등(長明燈:무덤앞에 있는 돌로 만든 등)이 1기씩 놓여 있으며, 좌우에는 문인석과 무인석이 각 1쌍씩 있습니다. 묘역은 전체적으로 3단으로 되어 있어 고려시대의 특징을 잘 보여주고 있습니다.

관련교과 초등학교 사회 5-2 1. 옛 사람들의 삶과 문화
2) 독창적 문화를 발전시킨 고려
위　　치 경기 여주시 산북면 후리 산53-1
전화번호 031-887-3566
교　　통 여주시 종합터미널
이용요금 무료

체험 Tip

▶ 대중교통편이 불편하고, 서희 장군 묘 근처에 다른 볼 것이 없으므로, 자가용을 이용하는 것을 추천합니다.

▶ 대중교통을 이용 시에는 여주터미널 근처에 있는 영녕릉과 신륵사까지 돌아보는 것이 좋습니다.

▶ 서희 장군 묘는 산속에 있습니다. 높은 산은 아니지만 활동이 편한 신발을 신고 가는 것을 추천합니다.

준비하기

체험 출발 전 조사하기

▶ **의미와 필요성 조사하기**

고려에 침입한 외세

거란족의 침입과 서희의 활약

여진족 토벌과 강동6주

▶ **참고 누리집 사이트 안내**

문화재청 http://www.cha.go.kr/cha/idx/Index.do?mn=NS_01

여주시 문화 관광 www.yj21.net/kor/culture/

▶ **주변 명소**

신륵사

영녕릉

명성황후 생가

이런 장소예요

▶ 서희 장군 묘

묘역 일대

올라가는 길

문인석

▶ 여주터미널 근처 유적지

신륵사

영녕릉

명성황후 생가

▶ 서희 장군 묘는 대중교통이 불편하므로, 가급적 자가용을 이용하여 방문할 수 있는 사람들에게 추천합니다.

활동지

20　　년　　월　　일　　요일　　(　　) 학년 (　　) 반 (　　) 번　이름 (　　　　　　)

▶ 보고서를 통해 내용을 정리해 봅시다.

<table>
<tr><td>일 시</td><td colspan="2">20　　년　　월　　일　　요일</td></tr>
<tr><td>장 소</td><td colspan="2"></td></tr>
<tr><td>방 법</td><td colspan="2"></td></tr>
<tr><td>준비물</td><td colspan="2"></td></tr>
<tr><td>유의점</td><td colspan="2"></td></tr>
<tr><td colspan="3">학습 내용
(학습 내용들을 요약하여 적고 사진이나 그림 등 기타 상세한 내용은 별첨으로 기록합니다.)</td></tr>
<tr><td>본 일</td><td></td><td rowspan="5">[그림이나 사진]</td></tr>
<tr><td>들은 일</td><td></td></tr>
<tr><td>한 일</td><td></td></tr>
<tr><td>느낀 일</td><td></td></tr>
<tr><td>새롭게 알게 된 일</td><td></td></tr>
<tr><td>나의 반성</td><td colspan="2"></td></tr>
</table>

파주 윤관 장군 묘

고려 중기의 문신인 윤관(?~1111)의 무덤입니다. 그는 고려 문종(재위 1046~1083) 때 문과에 합격하였고, 숙종 9년(1104)에 '동북면행영병마도통(東北面行營兵馬都統)'이 되어 국경을 침입한 여진과 싸웠으나 패하였습니다. 그 후 여진정벌을 위해 별무반을 편성해 예종 2년(1107)에 여진을 정벌한 후 9성을 쌓았습니다. 윤관의 무덤은 어디에 있는지 명확히 알 수 없었으나, 조선 영조 23년(1747) 후손들이 지금의 자리임을 주장하여 영조 40년(1764)에 공인되었습니다. 윤관 장군 묘 주변에는 후대에 세워진 비석과 석등이 있습니다. 위패는 예종의 사당에 함께 모셔졌고, 고려 태조와 충의공신을 모신 숭의전에서 함께 배향되었습니다.

관련교과	초등학교 사회 5-2 1. 옛 사람들의 삶과 문화 2) 독창적 문화를 발전시킨 고려
위 치	경기도 파주시 광탄면 분수리 산4-1
전화번호	031-940-4354
교 통	경의선 금촌역에서 승차
이용요금	무료

체험 Tip

▶ 윤관 장군 묘는 비교적 한산하지만 규모가 웅장하여 왕릉 못지않습니다. (축구장 정도의 크기입니다.)

▶ 여진정벌 당시에 국왕으로부터 하사받은 가마와 전마를 함께 묻은 교자총과 전마총도 있습니다.

▶ 윤관장군의 영정이 봉안되어 있는 여충사에서는 매년 음력 3월 10일에 제사를 지내고 있습니다.

준비하기

체험 출발 전 조사하기

▶ **의미와 필요성 조사하기**

고려에 침입한 외세
여진의 침입과 윤관의 활약
별무반
여진족 토벌과 동국9성 건설

▶ **참고 누리집 사이트 안내**

문화재청 http://www.cha.go.kr/cha/idx/Index.do?mn=NS_01
파주시 문화 관광 https://tour.paju.go.kr

▶ **주변 명소**

파주삼릉

이런 장소예요

▶ 서희 장군 묘

여충사

교자총

신도비

▶ 여주터미널 근처 유적지

활동지

20 년 월 일 요일 ( ) 학년 ( ) 반 ( ) 번 이름 ( )

▶ 보고서를 통해 내용을 정리해 봅시다.

일 시	20 년 월 일 요일	
장 소		
방 법		
준비물		
유의점		
학습 내용 (학습 내용들을 요약하여 적고 사진이나 그림 등 기타 상세한 내용은 별첨으로 기록합니다.)		
본 일		[그림이나 사진]
들은 일		
한 일		
느낀 일		
새롭게 알게 된 일		
나의 반성		

공민왕 사당

조선시대 초 서강 일대에 양곡 보관 창고를 지으려 할 때 동네 노인의 꿈에 공민왕이 나타나 이곳에 당을 짓고 매년 제사 지낼 것을 계시한 데 따라 그를 기리는 사당을 지었다고 합니다. 현재의 건물은 6·25전쟁 때 파괴된 것을 전쟁 직후 주민들이 새로 건축한 것입니다. 일반적으로 사당 건물은 전면이 3칸인 데 비해 2칸인 것이 특징입니다. 주위에는 서울특별시 지정보호수 제48호인 느티나무 5그루와 주민들이 한때 식수로 사용했던 우물이 남아 있습니다. 민간 전통 건축술의 수준을 알 수 있는 자료이며 역사적·건축적 가치가 있는 건축물입니다.

관련교과 초등학교 사회 5-2 1. 옛 사람들의 삶과 문화
2) 독창적 문화를 발전시킨 고려

위　　치 서울 마포구 창전동 42-17

교　　통 6호선 광흥창역 1번 출구 200m

이용요금 무료

체험 Tip

▶ 공민왕 사당 주변에 산책로가 있습니다. 사당을 둘러본 뒤 산책로를 따라 이동하면 홍대 주변으로 나오게 됩니다.

준비하기

체험 출발 전 조사하기

▶ **의미와 필요성 조사하기**

마한, 원의 간섭과 공민왕의 정책

사당의 의미

▶ **참고 누리집 사이트 안내**

문화재청 http://www.cha.go.kr/cha/idx/Index.do?mn=NS_01

▶ **주변 명소**

홍대

이런 장소예요

▶ 공민왕 사당

공민왕 사당 전경

▶ 서강나루

서강나루의 곡물창고에 근무하던 창고 관리인에게 현몽한 공민왕을 기리기 위해 사당을 짓고 매년 음력 10월 1일에 봉제를 하고 마을의 번영과 안녕을 기원한다고 합니다. 건립 초기에 이태조는 공민왕을 모시는 사당을 탐탁치 않게 여겨 불신동자를 모셔놓고 신당 또는 당이라 불렸으나 200여 년 전부터 공민왕 사당의 칭호를 되찾았다고 합니다.

한때 서울시 창전동 33번지로 이전되었으나 현 위치로 돌아왔다고 한다(연도 미상). 원 대지 면적은 50평이었으나 지금은 30평으로 축소되었으며, 1988년경 흙바닥을 시멘트 단으로 조성하였습니다.

활동지

20　　년　　월　　일　　요일　　　(　　　) 학년 (　　　) 반 (　　　) 번　이름 (　　　　　　　)

▶ 보고서를 통해 내용을 정리해 봅시다.

<table>
<tr><td>일 시</td><td colspan="2">20　　년　　월　　일　　요일</td></tr>
<tr><td>장 소</td><td colspan="2"></td></tr>
<tr><td>방 법</td><td colspan="2"></td></tr>
<tr><td>준비물</td><td colspan="2"></td></tr>
<tr><td>유의점</td><td colspan="2"></td></tr>
<tr><td colspan="3">학습 내용
(학습 내용들을 요약하여 적고 사진이나 그림 등 기타 상세한 내용은 별첨으로 기록합니다.)</td></tr>
<tr><td>본 일</td><td></td><td rowspan="5">[그림이나 사진]</td></tr>
<tr><td>들은 일</td><td></td></tr>
<tr><td>한 일</td><td></td></tr>
<tr><td>느낀 일</td><td></td></tr>
<tr><td>새롭게
알게 된 일</td><td></td></tr>
<tr><td>나의 반성</td><td colspan="2"></td></tr>
</table>

제주 항몽 유적지

국가사적 제396호며, 몽골의 침입 시 조국을 지키고자 궐기한 삼별초가 최후까지 항전한 유서 깊은 곳으로, 전시관과 기념비, 토성이 남아 있습니다. 주변엔 김통정 장군이 뛰어내린 발자국에서 솟아나는 물이라는 장수물이 있는데. 현재 음용수로는 사용할 수 없습니다. 삼별초는 고려군의 성예 별동부대로서 고려 원종 11년(1270) 2월 고려조정이 몽골군과 강화를 맺자 이에 반대하여 끝까지 반몽 항쟁을 계속하였는데, 전라도 진도로 근거지를 옮겼다가 그곳에서 크게 패하자 이곳 제주도로 건너와 항파두성을 쌓고 몽골군과 대결하기 2년여에 마침내 원종 14년(1273) 4월 몽골세력에 의해 전원이 순의하고 말았습니다. 삼별초의 독자적인 무력 항몽은 외세의 침략으로부터 조국을 수호하려는 호국충정의 발로로서 오늘날의 우리들에게 많은 교훈을 일깨워주고 있습니다.

관련교과 초등학교 사회 5-2 1. 옛 사람들의 삶과 문화
2) 독창적 문화를 발전시킨 고려
위 치 제주특별자치도 제주시 애월읍 항파두리로 50
전화번호 064-713-1968
교 통 제주공항 승차, 서부경찰서에서 읍면순환버스 환승
이용요금 무료

체험 Tip

▶ 항몽 유적지는 하절기 08:30~18:00, 동절기 09:00~17:30까지 개방합니다.

▶ 주변에 볼거리가 많이 있으니, 자가용을 이용하거나 렌트카를 이용하는 것을 추천합니다.

준비하기

체험 출발 전 조사하기

▶ **의미와 필요성 조사하기**

삼별초란?

원나라의 간섭과 고려양, 몽고풍

항몽 순의비

토성

여몽연합군

▶ **참고 누리집 사이트 안내**

문화재청 http://www.cha.go.kr/cha/idx/Index.do?mn=NS_01

제주 특별자치도 공식 관광 정보 사이트 https://www.visitjeju.net/kr

이런 장소예요

▶ 서울 석촌동 고분 유적지

항몽순의비

항몽유적 성벽 외층

구시물

▶ 제주 항파두리 항몽 유적

제주 항파두리 항몽 유적은 고려 원종 11년(1270) 2월 고려 조정이 몽고군과 강화를 맺고 강화에서 개경으로 환도하자 이에 맞서 고려 김방경과 몽고의 흔도가 이끄는 여몽연합군에 최후까지 항쟁하다 원종 14년(1273) 전원 순의한 삼별초의 마지막 보루였던 곳으로, 1997년 4월 18일에 사적 제396호로 지정되었다. 이 성은 해발 약 190~215m에 있으며, 동쪽으로는 고성천이 있고 서쪽으로는 소왕천이 있다. 지형은 남고북저를 하고 있는데, 북쪽인 경우 토성 부근이 급격한 경사를 이루고 있고 동쪽은 완만하나 서쪽은 단애를 이루는 하천을 두고 있어 성을 쌓기에는 천연적으로 적합한 지형을 이루고 있다. 전체적인 토질은 자갈이 약간 함유된 황갈색 토양으로 이뤄졌고, 찰기가 아주 강하기 때문에 토성을 쌓기에는 적합한 성질을 띤 토양이라 할 수 있다. 당시에 쌓았던 토성이 부분적으로 남아 있으며 돌쩌귀, 기와, 자기, 연못터, 장수물, 구시물, 옹성물, 살 맞은 돌 등 많은 유적이 발견되었고, 주요 시설로는 관리사무소, 휴게소, 전시관, 순의문, 순의비를 두고 있다.

활동지

20 년 월 일 요일 ( ) 학년 ( ) 반 ( ) 번 이름 ( )

▶ 보고서를 통해 내용을 정리해 봅시다.

<table>
<tr><td>일 시</td><td colspan="2">20 년 월 일 요일</td></tr>
<tr><td>장 소</td><td colspan="2"></td></tr>
<tr><td>방 법</td><td colspan="2"></td></tr>
<tr><td>준비물</td><td colspan="2"></td></tr>
<tr><td>유의점</td><td colspan="2"></td></tr>
<tr><td colspan="3">학습 내용
(학습 내용들을 요약하여 적고 사진이나 그림 등 기타 상세한 내용은 별첨으로 기록합니다.)</td></tr>
<tr><td>본 일</td><td></td><td rowspan="5">[그림이나 사진]</td></tr>
<tr><td>들은 일</td><td></td></tr>
<tr><td>한 일</td><td></td></tr>
<tr><td>느낀 일</td><td></td></tr>
<tr><td>새롭게
알게 된 일</td><td></td></tr>
<tr><td>나의 반성</td><td colspan="2"></td></tr>
</table>

교과서로 만나는 역사체험 이야기

진포해양테마공원

진포해양테마공원은 고려 말 최무선 장군이 함포를 만들어 왜선을 500여 척이나 물리쳤던 진포대첩을 기념하기 위하여 2008년에 개관한 해양공원입니다. 항만을 끼고 있는 광활한 바다를 배경으로 지금은 쓰지 않는 군대 장비 13종 16내를 볼 수 있습니다. 월남전 등에 투입되었던 위봉함을 비롯한 해군함정, 장갑차, 자주포, 전투기 등 나라를 지키기 위해 최일선에서 활동하다가 퇴역한 육·해·공군 장비들이 전시 중입니다. 군장비 내부 안에 들어가 직접 승선 체험을 할 수 있습니다. 위봉함 내부에는 진포대첩 모형과 당시에 쓰였던 무기, 최무선 장군이 만든 화포 이야기, 군함 병영 생활 체험 등을 전시해놓은 전시관이 마련되어 있습니다.

관련교과 초등학교 사회 5-2 1. 옛 사람들의 삶과 문화
2) 독창적 문화를 발전시킨 고려
위 치 전라북도 군산시 내항2길 32 진포해양테마공원
전화번호 063-445-4472
교 통 군산역에서 버스 승차
이용요금 무료

체험 Tip

▶ 4200t급 위봉함 3,288㎡(지하2층, 지상4층)에 병영생활상의 모형 및 용품을 전시 재현하는 등 체험 위주의 전시공간을 구축하고자 흥미를 자아낼 수 있는 4D 영상관(시뮬레이터 입체영상관), 위봉함을 비롯한 해경정, 수륙양용장갑차, 자주포, F-86 전투기 등 총 16대의 육·해·공군의 퇴역군장비를 활용한 체험형 복합테마공간입니다.

▶ 매주 월요일은 개장 휴무이니 고려하여 방문해야 합니다.

▶ 하절기 오전 9시 ~ 오후 6시, 동절기 오전 9시 ~ 오후 5시까지 개장이며 여름철에는 야간개장 운영합니다.

준비하기

체험 출발 전 조사하기

▶ **의미와 필요성 조사하기**

화약
최무선
진포대첩
월남전
위봉함

▶ **참고 누리집 사이트 안내**

문화재청 http://www.cha.go.kr/cha/idx/Index.do?mn=NS_01
군산 문화관광 http://www.gunsan.go.kr/tour/

▶ **주변 명소**

채만식 문학관
새만금방조제
금강 철새조망대

이런 장소예요

▶ 진포해양테마공원 모습(위봉함 내부 포함)

진포대첩 기념탑

공원 내 전시물

바다 위 전시관 위봉함

위봉함 내부 전시물

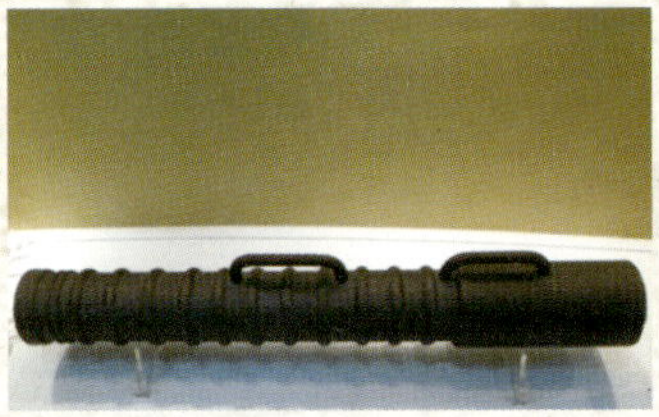

위봉함 내부 전시물

위봉함 내부 전시물

▶ 주변 명소

채만식 문학관

금강 철새조망대

새만금방조제

활동지

20 년 월 일 요일 ( ) 학년 ( ) 반 ( ) 번 이름 ( )

▶ 보고서를 통해 내용을 정리해 봅시다.

일 시	20 년 월 일 요일	
장 소		
방 법		
준비물		
유의점		
학습 내용 (학습 내용들을 요약하여 적고 사진이나 그림 등 기타 상세한 내용은 별첨으로 기록합니다.)		
본 일		[그림이나 사진]
들은 일		
한 일		
느낀 일		
새롭게 알게 된 일		
나의 반성		

목면시배유지

고려 후기에 우리나라에서 처음으로 면화를 재배한 곳입니다. 공민왕 12년(1363) 문익점은 중국 원나라에 사신으로 갔다가 돌아올 때, 밭을 지키던 노인이 말리는 것을 무릅쓰고 목화 몇 송이를 따서 그 씨앗을 붓통에 넣어가지고 왔습니다. 장인 정천익과 함께 시험재배를 하였는데, 처음에는 재배기술을 몰라 한 그루만을 겨우 살릴 수 있었습니다. 그러다가 3년간의 노력 끝에 드디어 성공하여 전국에 목화재배를 널리 퍼지게 하였습니다.

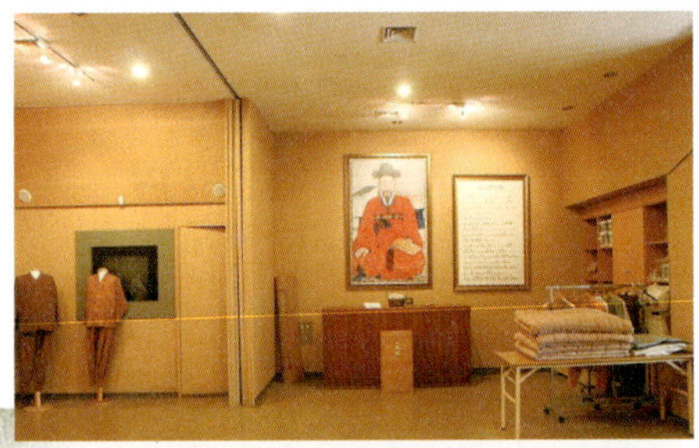

관련교과 초등학교 사회 5-2 1. 옛 사람들의 삶과 문화
2) 독창적 문화를 발전시킨 고려
위 치 경남 산청군 단성면 사월리 106-1
전화번호 055-973-2445
교 통 산청군 터미널에서 농어촌 버스(산청-원지) 승차, 원지정류소에서 농어촌 버스(원지-묵곡) 환승, 배양 정류장 하차
이용요금 어른 1000원, 청소년 800원, 어린이 500원

체험 Tip

▶ 문익점이 태어난 곳인 배양마을은 지금까지도 목화재배의 역사를 간직해오고 있으며, 지리산으로 향하는 길가 오른쪽에는 낮은 돌담으로 둘러싼 백여 평의 밭이 있습니다. 밭 옆에는 기와지붕을 한 비각 안에 '삼우당선생면화시배지'라는 제목의 비석이 서 있습니다. 이곳에서는 지금도 문익점 선생의 업적을 기리기 위하여 옛터에 밭을 일구어 해마다 면화를 재배하고 있습니다.

▶ 전시관도 있으니 들어가봅시다. 매주 월요일 추석, 설날은 휴관이니 고려하여 방문해야 합니다.

준비하기

체험 출발 전 조사하기

▶ **의미와 필요성 조사하기**

목화

문익점

목면시배유지

도천서원

▶ **참고 누리집 사이트 안내**

문화재청 http://www.cha.go.kr/cha/idx/Index.do?mn=NS_01

산청 문화관광 http://www.sancheong.go.kr/tour

▶ **주변 명소**

문익점 도천서원

문익점묘

문익점신도비

이런 장소예요

▶ 목면시배유지 모습

비석

부민각 문익점초상화

전시관내부

효자비각

목면 시배유지

비석

▶ 주변 명소

문익점(1329~1398) 선생이 태어난 곳으로 나라에서 선생의 공적을 기리기 위해 지은 사당이다.

활동지

20 년 월 일 요일 ( ) 학년 ( ) 반 ( ) 번 이름 ( )

▶ 보고서를 통해 내용을 정리해 봅시다.

<table>
<tr><td>일 시</td><td colspan="2">20 년 월 일 요일</td></tr>
<tr><td>장 소</td><td colspan="2"></td></tr>
<tr><td>방 법</td><td colspan="2"></td></tr>
<tr><td>준비물</td><td colspan="2"></td></tr>
<tr><td>유의점</td><td colspan="2"></td></tr>
<tr><td colspan="3">학습 내용
(학습 내용들을 요약하여 적고 사진이나 그림 등 기타 상세한 내용은 별첨으로 기록합니다.)</td></tr>
<tr><td>본 일</td><td></td><td rowspan="5">[그림이나 사진]</td></tr>
<tr><td>들은 일</td><td></td></tr>
<tr><td>한 일</td><td></td></tr>
<tr><td>느낀 일</td><td></td></tr>
<tr><td>새롭게
알게 된 일</td><td></td></tr>
<tr><td>나의 반성</td><td colspan="2"></td></tr>
</table>

♣ 감　수

경인교육대학교 사회교육과 교수 이동원

춘천교육대학교 사회교육과 교수 김정인

♣ 저　자

대련한국국제학교 교사 김현진

인천첨단초등학교 교사 최미란

인천용현초등학교 교사 박세희

인천석암초등학교 교사 배수진

인천경원초등학교 교사 이복음

인천서화초등학교 교사 송민영

교과서로 만나는

역사체험 이야기1

2019년 9월 10일 1쇄 인쇄
2019년 9월 20일 1쇄 발행

저　자 : 초등역사교육연구회
발행인 : 한　정　주
발행처 : 교육과학사

저자와의 협의하에 인지생략

경기도 파주시 광인사길 71
전화(031)955-6956~8/팩스(031)955-6037
Home-page : www.kyoyookbook.co.kr
E-mail : kyoyook@chol.com
등록 : 1970년 5월 18일 제2-73호

낙장 · 파본은 교환해 드립니다.
Printed in Korea.

정가 14,000원
ISBN 978-89-254-1421-8
ISBN 978-89-254-1420-1(세트)